Gabriel

Schlemmereien aus der Natur

Thuri Maag – Georges Zeller

Schlemmereien aus der Natur

Kreationen aus der Blumenau
mit Beeren- und Wildkräuter-ABC

MIDENA

Die Deutsche Bibliothek – CIP-Einheitsaufnahme

Schlemmereien aus der Natur :
Kreationen aus der Blumenau
mit Beeren- und Wildkräuter-ABC / Thuri Maag ; Georges
Zeller – Küttigen/Aarau : Midena, 1992
ISBN 3-310-00132-6
NE: Maag, Thuri; Zeller, Georges

Alleinvertrieb für Deutschland:
WELTBILD VERLAG GmbH
Steinerne Furt 68, W-8900 Augsburg

Gestaltung Umschlag: Dora Hirter, Aarau
Gestaltung Inhalt: Bernard Rohner Graphic Design, Olten
Foodbilder: Studio Visual, Roland Glättli, Zürich
Pflanzenbilder: Ursula Marti, Münchenbuchsee;
Bruno Vonarburg, Teufen; Georges Zeller, Solothurn
Fotolithos: Steiner AG, Basel
Satz: AGI AG, Stüsslingen
Herstellung: Druckerei Uhl, Radolfzell
Verantwortliche Verleger: Alfred und Léonie Haefeli

ISBN 3-310-00132-6

Inhaltsverzeichnis

Suppen und Vorspeisen

Hauptgerichte

Nachspeisen/Desserts

Inhaltsverzeichnis

Pflanzensteckbriefe

Zum Geleit

Rankende Blumen auf Fensterbänken, beim Eingang, rankende Blumen auf dem Boden, an der Decke, auf Stühlen und Tischen lassen erahnen, dass die Gastgeber in der Blumenau naturverbunden sind. Obwohl das Haus nahe dem Bodensee verkehrstechnisch gut gelegen ist, scheint hier die Natur noch intakt zu sein. Die Natur aus dem «Fenster» beobachten zu können, ist bei einer naturnahen Küche, so wie sie in der Blumenau gepflegt wird, sicher von Vorteil. Man nimmt kleinste Wachstumsschritte und Veränderungen wahr und stellt mit Erstaunen fest, dass es im Jahreslauf nur eine sehr kurze Zeit ist, in der sich die Natur eine Pause gönnt und mit Schlemmereien geizt. Noch liegt der letzte Schnee im Land, spriessen schon zaghaft die ersten Bärlauchblätter unter der schützenden Laubdecke. Wer zu dieser Zeit die ersten Blätter pflückt und die Gäste mit einem Bärlauchgericht überrascht, ist nicht nur der Zeit voraus, sondern demonstriert auf sympathische Art Naturverbundenheit: eine natürliche Naturküche, die verblüffend einfach und unverkrampft ist, aber dennoch keine Zweifel offen lässt, dass hier ein Meister am Herd steht. Und hier schliesst sich denn auch der Kreis. Die an Kunstwerke anmutenden farbenfrohen Gerichte, mal im dezenten Grün, mal im saftigen Grün, in einem leuchtenden Rot – je nach Jahreszeit –, setzen einen erfrischenden Kontrast zum nostalgischen Interieur in der Blumenau.

Gewiss, es ist wunderschön, sich in einem Restaurant mit Schlemmereien aus der Natur verwöhnen zu lassen. Aber auch zu Hause kann man die Köstlichkeiten aus der Natur geniessen. Man braucht kein Profikoch zu sein, um die im vorliegenden Buch mehrfach erprobten Rezepte nachzukochen. Sie sind umkompliziert und im grossen und ganzen wenig zeitaufwendig.

Auch dürfen wir mit dem Sammeln viel lockerer umgehen als unsere Vorfahren, für die Kräuter und Wildbeeren, nebst der Jagdbeute, fürs nackte Überleben notwendig waren. Der Korb braucht nicht nach jedem Streifzug durch Wald und Wiese überzuquellen. Das Sammeln ist und soll ein Hobby bleiben. Ein Hobby, das aber mehr als nur ein vergnüglicher Zeitvertreib ist. Uns erwartet ein Naturerlebnis besonderer Art. Für einmal sind wir nicht nur passive Konsumenten. Wir lernen, mit der Natur sorgsam umgehen, sie zu schützen und nur das zu pflücken, was in der Küche verwertet werden kann. Wir werden erfahren, dass die Natur nicht auf uns wartet, sondern wir auf sie warten müssen. Ein milder Winter, ein trockener Vorfrühling, ein nasser Sommer kann den ganzen «Fahrplan» durcheinander bringen.

Die in diesem Buch empfohlenen Wildkräuter und Wildbeeren werden von den beiden Autoren seit Jahren gesammelt und in der Küche verwendet (auch Lehrtätigkeit). In den botanischen Steckbriefen hat man sich bewusst auf das konzentriert, was für den Sammler – auch für Anfänger – wichtig ist. Der Sammler soll aufgrund von Abbildung und Beschreibung eine jede Pflanze mühelos «identifizieren» können. Verwechslungen sind kaum möglich. Fühlt man sich aber dennoch unsicher, empfiehlt es sich, die Pflanze einem Fachmann zu zeigen. Vor Neuentdeckungen sei gewarnt. Denn nicht alles, was in der Natur gedeiht, ist auch essbar.

Wir wünschen Ihnen viel Vergnügen beim Sammeln, Kochen und Geniessen der kulinarischen Köstlichkeiten aus Wald und Wiese.

Restaurant Thuri's Blumenau in Lömmenschwil am Bodensee

Suppen und Vorspeisen

Brennesselsuppe mit Blätterteighaube

für 8 Personen

Suppe

30g Butter
70g Zwiebeln, grob gehackt
100g Porree/Lauch, fein geschnitten
¼ Lorbeerblatt
1 Prise Fenchelsamen
1 Prise Thymian oder Quendel
1200ml/1,2l Hühnerbrühe/-bouillon
200g Kartoffeln, geschält und gewürfelt
300g Brennesselblätter, mit Handschuhen gepflückt, gewaschen
130g Butter
1EL Mehl
500g/5dl Sahne/Rahm

Blätterteighaube

250g Vollkornblätterteig
1 Eigelb
Salz, Pfeffer

Suppe
Zwiebeln, Porree/Lauch und Gewürze in den 30g Butter 10 Minuten auf kleinem Feuer dünsten. Hühnerbrühe/-bouillon und Kartoffelwürfel beigeben. Rund 20 Minuten köcheln lassen, bis die Kartoffeln gar sind. Brennesseln beigeben und weitere 5 Minuten auf kleinem Feuer kochen. Lorbeerblatt entfernen. Suppe pürieren und passieren. Ein Teil der Butter (60g) mit dem Mehl zusammenfügen. Unter kräftigem Schwingen zur Suppe geben. Mit der Sahne/dem Rahm und der restlichen Butter verfeinern. Abschmecken mit Salz und Pfeffer.

Anrichten
Suppe in Suppentöpfchen oder feuerfeste Tassen verteilen. Den Rand mit Eigelb bestreichen. Blätterteig dünn ausrollen und Rondellen ausstechen, die 2cm grösser als das Töpfchen/die Tasse sind. Teig darauflegen. Von Hand gut andrücken. Töpfchen/Tassen auf ein Blech stellen und im vorgeheizten Ofen bei 200 bis 220°C 10 Minuten backen. Auf mit Frühlingsblumen geschmückten Tellern servieren.

Tip
Für einmal sollte man bei dieser Suppe die Kalorien vergessen, ansonsten man einen kulinarischen Leckerbissen verpasst.

Kartoffelrahmsuppe mit Bärlauch und Hirsebrötchen

für 8 Personen

Suppe

300g Zwiebeln, gehackt
150g Butter
2 EL Bärlauchpaste (Rezept Seite 30)
oder 100g Bärlauchblätter
1 l Gemüsebrühe/-bouillon
500g Kartoffeln,
geschält und gewürfelt
200g/2dl Sahne/Rahm

Hirsebrötchen

1 kleines Pariserbrot
(Minibaguette)
20g Butter
Goldhirse

Suppe
Zwiebeln und Bärlauch/Bärlauchpaste in der Butter auf kleinem Feuer dünsten. Gemüsebrühe und Kartoffeln beigeben. 20 bis 25 Minuten köcheln lassen. Fein pürieren. Suppe in die Pfanne zurückgeben. Sahne/Rahm beigeben. Abermals aufkochen und schaumig schlagen. Sollte die Suppe zu dick sein, verdünnt man sie mit heissem Wasser.

Hirsebrötchen
Baguette in dünne Scheiben schneiden. Mit wenig Butter bestreichen. Goldhirse darüberstreuen. Brötchen im Ofen bei starker Oberhitze (Grillstufe) bräunen.

Anrichten
Die Suppe in vorgewärmte Suppentassen füllen. Mit den Hirsebrötchen servieren.

Varianten
Anstelle von Bärlauch 100g Sauerampfer verwenden. Diesen der gekochten Suppe beigeben und abermals pürieren. Die Suppe schmeckt auch gekühlt ausgezeichnet, verfeinert mit einigen Flusskrebsschwänzen. Bärlauchblätter durch 150g gemischte, fein geschnittene Kräuter ersetzen: Bärlauch, Sauerampfer, Brennessel, Brunnenkresse, Sauerklee, sehr wenig Bärenklau, Gundelrebe und Bibernelle. Mit wildem Schnittlauch bestreuen.

Frühlingsrolle mit Riesencrevetten und Bärlauchsoja

für 4 Personen

Bärlauchsoja

100 ml/1 dl Sojasauce
2 Messlöffel Nestragel/Pfeilwurz (pflanzliches Bindemittel)
200 ml/2 dl kalt gepresstes Sonnenblumenöl
40 g Bärlauchblätter

Füllung

1 grüner Spargel, in dünne, schräge Scheiben geschnitten
je ½ Möhre/Karotte und Kohlrabi, in streichholzdünne Stäbchen geschnitten
¼ Chinakohl, in feine Streifen geschnitten
je 1 kleine rote Zwiebel und Frühlingszwiebel, in feine Ringe geschnitten
je 1 EL gekeimte Linsen und Kichererbsen
1 Knoblauchzehe, gepresst
1 Msp Sambal Ölek
2 EL Erdnussöl
½ EL Kartoffel- oder Maisstärke
1 kleines Stück frischer Ingwer, gerieben
2 EL Bärlauchsoja

Bärlauchsoja
Bärlauchblätter durch den Fleischwolf stossen. Nestragel mit dem Schwingbesen in die Sojasauce einrühren. Das Öl nach und nach unter kräftigem Rühren dazugeben. Bärlauch beifügen. Sauce 30 Minuten ruhen lassen. Durch ein feines Spitzsieb drücken. In eine Flasche füllen. Die Sauce ist im Kühlschrank über ein Jahr haltbar.

Bei fehlendem Fleischwolf die grob geschnittenen Bärlauchblätter mit der Sojasauce pürieren. Restliche Zutaten beigeben (siehe oben).

Füllung
Spargeln in reichlich Salzwasser bissfest kochen. Möhren/Karotten, Kohlrabi und rote Zwiebeln beigeben und abermals aufkochen (nicht kochen). In ein Sieb schütten.

Im Wok oder in einer Gusseisenpfanne Frühlingszwiebeln und Chinakohl anschwitzen. Knoblauch, Linsen- und Kichererbsenkeimlinge sowie restliches Gemüse und geriebenen Ingwer beigeben. Mit der Mais- oder Kartoffelstärke bestäuben. Pfanne vom Feuer nehmen. Mit der Bärlauchsauce (2 EL) vermengen. Nach Belieben mit Salz und Pfeffer nachwürzen.

Fortsetzung auf der nächsten Seite

■ ■ ■ ■ ■ ■ ■ ■ ■ ■ ■

Frühlingsrollen

4 Blatt Frühlingsrollen, tiefgefroren, 20 × 20 cm
4 Riesencrevettenschwänze (80 g pro Stück), samt Schale
8 Ackerminz- oder Pfefferminzblätter

■ ■ ■ ■ ■ ■ ■ ■ ■ ■ ■

Frühlingsrollen
Aufgetaute Teigblätter so auf den Tisch legen, dass je eine Spitze nach oben und unten zeigt. Die Hälfte der Füllung auf das untere Drittel verteilen. Geschälte, vom Darm befreite Crevetten darauflegen. Mit der restlichen Füllung bedecken. Satt einrollen. Die Ecken eventuell mit Eiweiss oder Wasser einpinseln, damit alles besser zusammenhält. Im Fritieröl (180 °C) goldgelb backen. Auf einem Küchenpapier oder einem Tuch abtropfen lassen. Frühlingsrolle diagonal in zwei Teile schneiden. Gefällig auf Teller anrichten.

Tip
Die Frühlingsrollen schmecken in ein Minzblatt eingewickelt, in Bärlauchsoja getaucht und von Hand gegessen am besten. Dazu reicht man eine originelle Fingerbowle mit Blütenblättern, kleinen Blümchen und einem Zitronenschnitz.

Einkaufen
Die tiefgefrorenen Frühlingsrollenblätter sind die feinsten. Erhältich sind sie allerdings nur in Feinkostläden (Delikatessenläden) oder allenfalls in einem Laden mit asiatischem Lebensmittelsortiment. Die getrockneten Blätter, die vorher einzuweichen sind, erhält man in vielen Supermärkten.

Wildkräutertortelloni an Salbeibutter

▪ ▪ ▪ ▪ ▪ ▪ ▪ ▪ ▪ ▪ ▪ ▪

für 4 Personen,
für 2 Personen als Hauptgericht

Teig

250 g Weizenvollkornmehl,
Kleie ausgesiebt
2 Eier
1 EL Olivenöl
1 KL Salz

Füllung

150 g Mascarpone
1 EL kleinste Gemüsewürfelchen,
z.B. von Möhren/Karotten, Sellerie,
Kohlrabi, Zucchini usw.
3 EL Waldpilze, sehr fein gehackt
80 g Kräuter, fein gehackt,
z.B. Baumtropfen, Bärlauch,
Brunnenkresse, Wiesensalbei,
Quendel, Wiesenknopf, Brennessel,
wilder Schnittlauch, Guter Heinrich,
Löwenzahnblätter
30 g Semmelbrösel/Paniermehl,
nur vom weichen Teil
Salz, Pfeffer

Salbeibutter

2 EL Butter
2 gehäufte EL Salbei, in feine Streifen
geschnitten

▪ ▪ ▪ ▪ ▪ ▪ ▪ ▪ ▪ ▪ ▪ ▪

Tortelloniteig
Sämtliche Zutaten zu einem festen Teig kneten. In einem feuchten Küchentuch oder in einem Plastiksack über Nacht im Kühlschrank ruhen lassen.

Füllung
Die Waldpilze in wenig Butter dünsten. Sämtliche Zutaten gut mischen. Mit Salz und Pfeffer würzen.

Tortelloni
Den Teig auf bemehlter Arbeitsfläche (eventuell in 2 Arbeitsgängen) sehr dünn ausrollen. Rondellen von zirka 8 cm Durchmesser ausstechen. Die Füllung auf die eine Hälfte verteilen. Rand mit wenig Wasser einpinseln. Zusammenklappen und Rand gut andrücken.

Reichlich Salzwasser kochen. Tortelloni in die Pfanne geben. Pfanne von der Herdplatte ziehen. Teigwaren zugedeckt 5 bis 6 Minuten ziehen lassen.

Anrichten
Pro Person 1 EL Mascarpone in die vorgewärmten Suppenteller geben. Tortelloni darauf verteilen. Butter solange erhitzen, bis sie leicht braun ist und schäumt. Salbei darin kurz knusprig bakken. Über die Tortelloni verteilen. Einige Wiesensalbeiblüten als Garnitur darüberstreuen.

Marinierter Frischlachs mit Sauerklee und falschen Kapern

für 4 Personen

Frischlachs

500 g schottischer Frischlachs
(ergibt filetiert zirka 320 g)
Saft einer halben Zitrone
50 ml / ½ dl kalt gepresstes Olivenöl
Salz und Pfeffer

Garnitur

4 kleine Blätterteigpastetchen
4 KL Lachsroggen
8 Radieschen
1 kleiner Rettich
40 Sauerkleezweige,
Blüten und Blätter
40 Schlüsselblumenblüten
1 EL gekeimte Linsen
1 EL gekeimte Kichererbsen
wenig gekeimte Alfalfa (Lucerne)
oder feine Gartenkresse

Falsche Kapern

3 EL Wasser
3 EL Weissweinessig
½ KL Meersalz
40 (10 g) Sumpfdotterblütenknospen
oder Gänseblumenknospen
oder Löwenzahnknospen

Falsche Kapern
Wasser, Essig und Meersalz aufkochen. Knospen beigeben. 10 Sekunden kochen lassen. In ein kleines Einmachglas füllen.

Lachs
Fisch filetieren und Haut entfernen. Gräten mit einer Pinzette zupfen. Tranigen Teil wegschneiden.

Zitronensaft und Öl verrühren. Die Hälfte davon auf 4 Teller – am schönsten sehen Glasteller aus – verteilen. Den Lachs anrichten. Mit der restlichen Marinade einpinseln. Sauerklee, falsche Kapern und Schlüsselblumenblüten darüberstreuen. Wie aus der Abbildung ersichtlich garnieren.

Brennesselquiche mit kleinem Wildsalat

für 4 Personen

Quiche

100g Vollkornblätterteig
1 Ei
6 EL Sahne/Rahm
6 EL Milch
40g Brennesselblätter
20g Schalotten, fein gehackt
½ Knoblauchzehe, gepresst
Muskatnuss, frisch gerieben
wenig Kümmel
40g Frühstücksspeck, in feine Streifen geschnitten

Salat

Feldsalat (Nüsslisalat)
junge Löwenzahnblätter
junge Sauerampferblätter
Portulak
Bärlauchblätter
Eichblattsalat
Brunnenkresse
Sauerklee mit Blumen
Schlüsselblumenblüten
wilder Schnittlauch
Gänseblumenblüten
Radieschen
einige gedünstete Morcheln
Meersalz, Pfeffer
wenig Kümmel
6 EL kalt gepresstes Öl (Sonnenblumen- oder Distelöl)
2 EL guter Kräuteressig

Quiche
Den Blätterteig auf bemehlter Arbeitsfläche auf 24×24cm ausrollen. 4 Rondellen von 12cm Durchmesser ausstechen. In gebutterte Förmchen (10cm Durchmesser) legen. Den Boden mit der Gabel stechen.

Brennesselblätter blanchieren. Durch die feinste Scheibe des Fleischwolfs stossen oder von Hand sehr fein hacken. Sämtliche Zutaten, ohne den Speck, mischen. In die Förmchen füllen. Mit dem Speck garnieren. Im vorgeheizten Ofen bei 200°C 10 Minuten backen. Nach 5 Backminuten mit wenig Kümmel bestreuen. Sofort servieren.

Salat
Salate gefällig auf Glasteller anrichten. Mit Meersalz, Pfeffer und wenig Kümmel würzen. Mit dem Essig und Öl beträufeln.

Rapunzelsalat mit Mohnbrötchen und Pfifferlingen

für 4 Personen

Salat

120g ährige Rapunzelköpfe
160g Pilze (Pfifferlinge)
1 Frühlingszwiebel, in feine Ringe geschnitten
20 Blütenblätter der Hagebutte (Heckenrose/rosa canina)
20 Blütenblätter der Hagebutte (Kartoffelrose/rosa rugosa)
2EL Rosenblütenessig
6EL Traubenkern- oder Distelöl
Meersalz
Pfeffer aus der Mühle

Mohnbrötchen

1 kleines Pariserbrot (Minibaguette)
2EL Butter
Mohnsamen

Rosenblütenessig

1 l Hagebuttenblätter (Kartoffelrose/rosa rugosa)
1 l Weissweinessig

Salat
Rapunzelköpfe vor dem Blühen ernten. Die Köpfe abzupfen, gut waschen und trocknen. Die Pilze in wenig Butter anschwitzen.

Mohnbrötchen
Baguette in dünne Scheiben schneiden. Mit wenig Butter bestreichen und mit Mohn bestreuen. Im Ofen bei starker Oberhitze (Grillstufe) bräunen.

Anrichten
Alle Zutaten gefällig auf Teller anrichten. Mit Essig und Öl beträufeln. Würzen mit Meersalz, Pfeffer und Mohn. Mit den Blütenblättern dekorieren.

Rosenblütenessig
Rosenblätter locker in ein Einmachglas von mehr als einem Liter Inhalt schichten. Mit dem Essig übergiessen. Das gut verschlossene Glas 2 Tage an die Sonne stellen. Essig durch ein Sieb oder ein feines Tuch passieren. Blätter leicht auspressen. Essig in eine Flasche füllen.

Varianten
Pfifferlinge durch Mairitterlinge, Champignons oder Austernseitlinge ersetzen. Ährige Rapunzel mit grünen Spargelspitzen kombinieren. Rosenblütenessig durch einen Fruchtessig ersetzen.

Bunter Gemüsesalat an Kartoffelsauce

für 4 Personen

Kalbsbries/Kalbsmilke

250g Kalbsbries/Kalbsmilke
Salz und Pfeffer
Quendel oder Thymian
25g Sägemehl

Gemüsesalat

Saisongemüse wie zarte Zuckererbsen/Kefen, feine Bohnen, Schwert- oder Cocobohnen, Blumenkohl-, Romanesco-, Broccoliröschen, weisser und grüner Spargel, Möhren/Karotten samt Kraut, Kohlrabi, Frühlingszwiebeln, rote Zwiebeln, Rettich, Radieschen, diverse Salate wie Lollo rosso, krause Endivie, Kresse, Feldsalat diverse Kräuter wie Kerbel, Basilikum, krause Petersilie, Schnittlauch mit Blüte, Sauerampferblätter, Sauerklee, Gänseblümchen, Bärlauch usw.

Kartoffelsauce

75g Kartoffeln, gekocht und passiert
150ml/1½dl Gemüsebrühe/-bouillon
1 EL Modenaessig
1½EL kalt gepresstes Sonnenblumenöl
1 KL Oregano oder wilder Majoran, gehackt

Kalbsbries/Kalbsmilke geräuchert
Zum Räuchern eignen sich der Räucherofen, der Wok oder eine normale Pfanne mit Siebeinsatz. Sägemehl in den Räucherofen/Wok oder in die Pfanne geben und stark erhitzen (Stufe 2), bis Rauch entsteht (allenfalls entflammen). Von Zeit zu Zeit umrühren. Gittereinsatz einlegen. Bries/Milke darauf legen. Auf Kochstufe 1 mit Deckel rund 10 Minuten räuchern. Sägemehl entfernen. Kochgerät abermals erhitzen. Auf Kochstufe 1 zugedeckt fertiggaren. Der ganze Vorgang dauert rund 50 Minuten.

Salat
Gemüse je nach Garzeit knackig kochen. Zuckererbsen/Kefen höchstens 1 Minute, Broccoli 5 Minuten. Im Eiswasser (Wasser mit Eiswürfeln) abschrecken und in einem Sieb abtropfen lassen.

Kartoffelsauce
Sämtliche Zutaten pürieren und je nach Dicke mit etwas Gemüsebrühe/-bouillon oder Wasser verdünnen.

Anrichten
Salate und Gemüse auf Teller – am schönsten sind Glasteller – anrichten. Mit den Kräutern garnieren und der Kartoffelsauce beträufeln. Zusätzlich etwas Essig und Traubenkernöl darüberträufeln. Mit Pfeffer und Meersalz abschmecken. Kalbsbries/Kalbsmilke noch heiss tranchieren und anrichten.

Eglifilets aus dem Bodensee an Brennesselsauce

für 4 Personen

Fisch

300g Barsch-/Eglifilets oder ein anderer Süsswasserfisch mit Haut
Salz und Pfeffer
Mehl zum Bestäuben
1 EL geklärte Butter

Brennesselsauce

80g junge Brennesselblätter
1 EL Butter
2 EL Schalotten, fein gehackt
200 ml/2 dl Weisswein
300 g/3 dl Sahne/Doppelrahm

Brennesselsauce
Die Brennesseln mit Handschuhen pflücken. Im lauwarmen Wasser waschen und mit einer Lochkelle «herausfischen». In der Salatschleuder oder mit einem Küchentuch trocknen. Mit angezogenen Handschuhen durch den Fleischwolf stossen oder mit einem Teil Sahne/Rahm pürieren.

Schalotten in der Butter dünsten. Den Weisswein beigeben. Flüssigkeit vollständig einkochen lassen. Sahne/Rahm und Brennesselpüree in die Pfanne geben. Auf kleinem Feuer 2 Minuten köcheln lassen. Durch ein Spitzsieb passieren. In die Pfanne zurückgeben, würzen und abermals aufkochen.

Fischfilets
Fischfilets mit einem Küchentuch trocken tupfen. Mit Salz und Pfeffer würzen. Mit wenig Mehl bestäuben. In der warmen Bratbutter zuerst auf der Seite ohne Haut, dann auf der Hautseite kurz braten (wenn ein frischer Fisch zuerst auf der Hautseite gebraten wird, rollt er sich ein). Aus der Pfanne nehmen. Mit dem Küchentuch trokken tupfen.

Anrichten
Mit der heissen Sauce auf den vorgewärmten Tellern einen Spiegel machen. Fischfilets darauflegen.

Varianten
Die Brennesselblätter durch 80 g Brunnenkresse ersetzen, die ebenfalls ein feines Aroma hat. Die Kresse braucht man weder durch den Fleischwolf zu stossen noch durch das Spitzsieb zu passieren, da die Blätter sehr zart sind. Auch der Gute Heinrich eignet sich für diese Sauce (gleiche Zubereitung wie mit Brennesseln).

Wildsalat mit Hopfensprossen

▪▪▪▪▪▪▪▪▪▪▪▪

für 4 Personen

Wildsalat

40g Hopfensprossen
40g junge Blätter,
Sprossen und Stiele des Bärenklau
40g junge Blätter der Gundelrebe
40g ährige Rapunzelköpfe
10g Sauerampfer
5g Sauerklee
175g Eisberg- oder Kopfsalat

Sauce

Rezept Seite 24

▪▪▪▪▪▪▪▪▪▪▪▪

Wildsalat
Bärenklau, Gundelrebe und Sauerampfer fein schneiden. Hopfensprossen 1 Minute blanchieren. Im Eiswasser kurz abschrecken.

Sauce
Rezept Seite 24.

Anrichten
Eisberg- oder Kopfsalat auf Teller anrichten. Wildsalat gefällig darauf verteilen.

Tip
Die Zusammensetzung des Wildsalates lässt sich beliebig variieren. Auch Brunnenkresse, Bärlauch und Löwenzahn eignen sich für diesen Salat.

Bärlauchnudeln mit Morcheln

für 4 Personen

Bärlauchnudelteig

250g Weizenvollkornmehl,
Kleie ausgesiebt
2 Eier
20g Bärlauchpaste (siehe unten)
1 TL Meersalz

Bärlauchpaste

100g junge Bärlauchblätter ohne Stiel
100ml/1 dl Erdnussöl
1 EL Meersalz

Morcheln

200g frische Morcheln
1 Schalotte, fein gehackt
50g Butter
100g/1 dl Sahne/Rahm
4 kleine Bärlauchblätter,
in feine Streifen geschnitten

Bärlauchnudeln
Eier, Meersalz und Bärlauchpaste mit dem Schneebesen gut verquirlen. Einige Minuten stehen lassen. Mit dem Mehl mischen. Zu einem Teig kneten. In einem feuchten Küchentuch oder in einem Plastikbeutel über Nacht im Kühlschrank ruhen lassen.

Nudelteig mit der Maschine oder von Hand dünn ausrollen. Schmale Nudeln schneiden. In reichlich Salzwasser bissfest kochen.

Bärlauchpaste
Bärlauchblätter durch den Fleischwolf drücken oder zusammen mit wenig Erdnussöl pürieren. Mit dem Öl gut verrühren. In ein Glas füllen. Die Paste ist im Kühlschrank solange haltbar, bis im darauffolgenden Jahr wieder Blätter gepflückt werden können.

Morcheln
Morcheln längs halbieren und gut waschen. Mit einem Küchentuch trocknen. Würzen mit Salz und Pfeffer. Mit der Hälfte der Butter und den Schalotten in einer nicht klebenden Pfanne 5 Minuten dünsten.

Anrichten
Gekochte Teigwaren mit der restlichen Butter, der Sahne/dem Rahm und dem feingeschnittenen Bärlauch sorgfältig mischen. Nach Belieben mit Salz und Pfeffer nachwürzen. In vorgewärmten Tellern anrichten. Morcheln darüber verteilen. Sofort servieren.

Variante
Anstelle der hausgemachten Nudeln können auch Spaghetti verwendet werden, denen man nach dem Kochen die Bärlauchpaste beigibt.

Kümmelravioli mit Bärlauchfüllung

▪ ▪ ▪ ▪ ▪ ▪ ▪ ▪ ▪ ▪ ▪ ▪

für 10 Personen,
als Hauptgericht für 4 Personen

Teig

375g Weizenvollkornmehl,
Kleie ausgesiebt
125g Roggenvollkornmehl,
Kleie ausgesiebt
10g Kümmel, gemahlen
5 Eier
2½ EL Distelöl
2½ EL Wasser
1 EL Salz
wenig Pfeffer aus der Mühle

Bärlauchfüllung

300g Bärlauch, blanchiert
100g Speckstreifen
100g Semmelbrösel/Paniermehl
25g Butter
400g Mascarpone

Garnitur/übrige Zutaten

25g Speckstreifen
100g Mascarpone

▪ ▪ ▪ ▪ ▪ ▪ ▪ ▪ ▪ ▪ ▪ ▪

Teig
Sämtliche Zutaten zu einem festen Teig zusammenfügen. Gut kneten. In ein feuchtes Küchentuch schlagen oder in einen Plastiksack legen. Im Kühlschrank ruhen lassen.

Bärlauchfüllung
Bärlauch durch die feinste Scheibe des Fleischwolfs stossen oder ganz fein hacken. Speckstreifen in einer Pfanne anziehen. Bärlauchpüree beigeben. Mit den Semmelbröseln/dem Paniermehl binden. Die Butter aufschäumen und beifügen. Auskühlen lassen. Den Mascarpone beifügen. Würzen.

Ravioli
Den Teig mit der Nudelmaschine oder von Hand möglichst dünn ausrollen. Rondellen von zirka 7cm Durchmesser ausstechen. Auf die eine Hälfte der Rondellen einen gehäuften Esslöffel Füllung geben. Teigränder mit Wasser anfeuchten und zusammenklappen. Gut andrücken. Reichlich Salzwasser aufkochen. Ravioli beigeben. Abermals aufkochen. Pfanne vom Herd ziehen. Ravioli zugedeckt 5 bis 6 Minuten ziehen lassen.

Anrichten
Je 1EL Mascarpone in einen vorgewärmten Suppenteller oder in ein passendes Geschirr geben. Ravioli daraufgeben. Restliche Speckstreifen in wenig Butter braten. Zusammen mit dem feingeschnittenen Bärlauch über die Ravioli streuen.

Varianten
Als Füllung eignen sich ebenfalls Spinat, Guter Heinrich, Brennesseln oder Brunnenkresse.

Tip
Semmelbrösel/Paniermehl kann man gut selber machen: Kruste/Brotrinde wegschneiden. Brot einfrieren. Sobald es hart ist, mit der Reibe/Bircherraffel reiben.

Spargelterrine mit Morcheln und Ackerminzbutter

für 4 Personen

Terrine

Für eine Form (25 cm lang)
von 400 ml/4 dl Inhalt
4 dicke, weisse Spargeln (Cavaillon),
Durchmesser 22 mm
6 dicke, grüne Spargeln
10 g Butter
50 g frische Morcheln, längs halbiert
Salz und Pfeffer
1 kleine Schalotte, fein gehackt
2 EL Weisswein
50 g/½ dl Sahne/Rahm
1 Ei
12 grössere Bärlauchblätter,
blanchiert

Ackerminzbutter

10 Ackerminzblätter
1 EL Schalotten, fein gehackt
100 ml/1 dl Weisswein
50 g/½ dl Sahne/Rahm
100 g Butter

Terrinenform
Form ausbuttern. Mit Alufolie auskleiden. Mit Butter einstreichen. Nur so kann man die Terrine später problemlos stürzen und die Folie abziehen. Form mit Bärlauchblättern auslegen.

Ackerminzbutter
Ackerminzblätter, Schalotten, Weisswein in die Pfanne geben. Mit Salz und Pfeffer würzen. Flüssigkeit vollständig einkochen lassen. Sahne/Rahm beigeben. Flüssigkeit durch ein Sieb passieren. Zur Hälfte einkochen lassen.

Terrine
Den weissen Spargel grosszügig schälen. In reichlich Salzwasser 20 Minuten garen. Aus dem Sud nehmen. Spitzen wegschneiden. Den grünen Spargel schälen. In reichlich Salzwasser rund 8 Minuten kochen. Sofort im Eiswasser abkühlen. Herausnehmen. Spitzen wegschneiden.

Die gewürzten Morcheln mit den Schalotten in der Butter kurz dünsten. Mit dem Weisswein ablöschen. Sahne/Rahm dazugeben. Aufkochen und vom Feuer ziehen. Morcheln herausfischen. Flüssigkeit unter kraftvollem Schlagen mit dem Schwingbesen zum verquirlten Ei geben.

Spargelstangen und Morcheln gemäss Abbildung in die Form schichten. Die Eimasse sorgfältig darübergiessen. Im heissen Wasserbad im Ofen bei 200 °C 20 bis 25 Minuten pochieren (festwerden lassen). Spargelspitzen längs halbieren. Im Spargelsud erwärmen.

Anrichten
Terrine aus der Form nehmen. Folie entfernen. Mit einem scharfen Messer 8 Scheiben schneiden. Ackerminzsauce aufkochen. Butter unter kräftigem Rühren beigeben. Auf vorgewärmten Tellern einen Spiegel machen. Terrine anrichten. Mit den Spargelspitzen und der Ackerminze garnieren.

Carpaccio vom Sommerreh mit Kräutern und Kapuzinerkresse

für 4 Personen

Rohes Fleisch

240g Sommerrehfleisch von der Keule
100ml/1 dl kalt gepresstes Olivenöl
Saft einer halben Zitrone
2EL Wildkräuter, z.B. Oregano, Sauerklee, Quendel, Bibernelle, Borretschblätter und -blüten
4 Kapuzinerkresseblüten
16 kleine Kapuzinerkresseblätter
50g alter Parmesan

Beilage

Ofenfrisches Brot

Marinade
Olivenöl und Zitronensaft gut verquirlen. Die grob gehackten Kräuter beigeben und 10 Minuten ziehen lassen. Marinade mit Salz und Pfeffer würzen.

Rehfleisch
Fleisch in möglichst dünne Scheiben schneiden. Eventuell zwischen zwei Plastikteilen dünn klopfen.

Anrichten
Mit einem Pinsel ⅔ der Marinade auf 4 Teller verteilen. Die Fleischscheiben gefällig darauf anrichten. Restliche Sauce darüberträufeln. Mit grobem Meersalz und Pfeffer aus der Mühle abschmekken. Mit der Kapuzinerkresse und ganzen Wildkräuterblättchen garnieren. Vor dem Servieren den Parmesan darüberhobeln.

Tip
Es ist schade und dem feinen Geschmack abträglich, wenn man das Rehfleisch anfriert, um es auf der Aufschnittmaschine dünner schneiden zu können.

Waldpilze im Blätterteig

▪ ▪ ▪ ▪ ▪ ▪ ▪ ▪ ▪ ▪ ▪ ▪

für 4 Personen

Pilzragout

400 g frische Waldpilze, mindestens 10 Sorten: Maronenröhrlinge, kleine Rotfussröhrlingsköpfe, Steinpilze, Schusterpilze (glattstieliger Hexenröhrling), Stockschwämmchen, Halimasch und geselliger Rasling, kleine Schopftintlinge, Wald- oder Anischampignons, Totentrompeten, diverse Täublinge, Eierschwämmchen, rauchblättriger Schwefelkopf, Semmelstoppel, Kanterellen
1 fingergrosses Stück Aniszähling zum Würzen
2–3 kleine tränende Saumpilze zum Würzen
1 EL Butter
2 Schalotten, sehr fein gehackt, in wenig Öl gedünstet
8 Bärlauchzwiebeln, halbiert und blanchiert
100 ml/1 dl Weisswein
200 g/2 dl Sahne/Rahm
100 ml/1 dl Gemüsebrühe/-bouillon
Salz, Pfeffer aus der Mühle
30 Sauerkleeblätter als Garnitur

Teigpilze

300 g Vollkornblätterteig
Eigelb zum Bestreichen

▪ ▪ ▪ ▪ ▪ ▪ ▪ ▪ ▪ ▪ ▪ ▪

Teigpilze
Den Blätterteig zirka 3 mm dick ausrollen. Mit einem kleinen Messer 4 Pilze von rund 8 cm Durchmesser ausschneiden (der Phantasie sind keine Grenzen gesetzt). Mit dem Eigelb bestreichen und den Teigresten verzieren (Punkte, Schuppen usw.). Anstelle der Teigresten kann man die Pilze auch mit Mohn, Leinsamen, zerdrückten Dinkelkörnern usw. dekorieren. Pilze auf ein Backblech legen. Bei 200 °C 5 bis 6 Minuten backen. Warm stellen.

Pilzgericht
Geselliger Rasling und Halimasch blanchieren. Wasser weggiessen. Eine nicht klebende Pfanne (Gusseisenpfanne oder Wok) stark erhitzen. Die gewürzten Pilze und die Butter beigeben und kräftig dünsten. Schalotten und Bärlauchzwiebeln zu den Pilzen geben. Mit dem Weisswein ablöschen. Diesen fast vollständig verdunsten lassen. Gemüsebrühe/-bouillon sowie Sahne/Rahm in die Pfanne geben. Zu einer sämigen Sauce einköcheln lassen.

Anrichten
Blätterteigpilze halbieren und ungebackenen Teig aushöhlen. Teigpilze direkt auf den vorgewärmten Tellern mit dem Pilzgericht füllen. Mit Sauerklee garnieren.

Hauptgerichte

Gefüllter Haselnusszander mit Rapunzelgemüse

für 2 Personen,
für 4 Personen als Vorspeise,

Fisch

200g Zanderfilet, ohne Haut
120g Lachsforellenfilet,
ohne Haut und Tran
Salz, Pfeffer
wenig Pastis (Anisschnaps)
1 Eiweiss
1 EL Mehl
40g Haselnüsse, grob gemahlen
1 EL geklärte Butter
80g Butter

Gemüse

100g ährige Rapunzelköpfe
4 Frühlingszwiebeln, geviertelt

Fisch
Zander in vier gleich grosse Stücke schneiden. Unter einem festen Plastikstück flach klopfen. Lachs ebenfalls in 4 Stücke schneiden. Mit Salz und Pfeffer würzen. Die Lachsforelle zusätzlich mit einem Spritzer Pastis würzen und auf die eine Hälfte des Zanders legen. Zander zusammenklappen. Eventuell mit einem Zahnstocher fixieren. Fisch zuerst im Mehl wenden, dann im Eiweiss und zuletzt in den Haselnüssen. Nüsse von Hand leicht andrücken. Beidseitig in der Bratbutter goldgelb braten (4 bis 5 Minuten). Die Lachsforelle soll im Innern nur mässig warm sein. Warm stellen.

Gemüse
Ährige Rapunzelköpfe und Frühlingszwiebeln 30 Sekunden blanchieren. Abtropfen lassen. Mit Salz und Pfeffer würzen.

Anrichten
Gemüse und Fisch auf vorgewärmte Teller anrichten. Butter bräunen (haselnussbraun) und über den Fisch giessen.

Varianten
Wenn man keine Rapunzelköpfe findet, kann man diese durch grüne Spargelspitzen ersetzen. Sehr gut passt dazu auch ein Frühlingssalat mit Wildkräutern, eine Brennesselsauce oder Frühkartoffeln.

Grilliertes Bonitosteak auf jungem Bärlauch

▪ ▪ ▪ ▪ ▪ ▪ ▪ ▪ ▪ ▪ ▪

für 4 Personen

Fisch

600g Bonitofilet
(kleiner, schmackhafter Thunfisch)
4 EL kalt gepresstes Olivenöl
1 EL Senf
Salz und Pfeffer

Bärlauch

250g junge Bärlauchblätter
60g Butter

▪ ▪ ▪ ▪ ▪ ▪ ▪ ▪ ▪ ▪ ▪

Bärlauchgemüse
Junge Bärlauchblätter gut waschen und in reichlich Salzwasser 1 Minute blanchieren. Abschütten. In die Pfanne zurückgeben. Mit der Butter sowie Salz und Pfeffer abschmecken.

Bonito
Den Fisch in 2½cm dicke Scheiben schneiden. Senf und Öl gut vermischen und den Fisch damit einpinseln. Mit Salz und Pfeffer würzen. Auf dem Grill oder in der Grillpfanne/Bratpfanne rosa braten. Der Fisch soll zwar warm sein, darf innen aber noch roh sein.

Anrichten
Bärlauch in die Mitte der vorgewärmten Teller verteilen. Das Fischsteak darauflegen.

Tip
Dieses Rezept ist sehr einfach und doch ein kulinarischer Leckerbissen, wenn die Zutaten stimmen. Frischer Thunfisch schmeckt gebraten fast wie Kalbfleisch. Die jungen Bärlauchblätter (4 bis 5cm gross) ernten, sobald seine grüne Spitzen aus dem Laub gucken. Laubdecke oder Erde wegnehmen, und die Blätter knapp über der Zwiebel abschneiden.

Rheinäsche an Sauerampfersauce

für 4 Personen

Äsche

4 Rheinäschenfilets zu 120 g
Salz und Pfeffer
Mehl zum Bestäuben
wenig geklärte Butter

Sauerampfersauce

200 ml/2 dl trockener Weisswein
200 ml/2 dl Fischfond
(Grundrezept Seite 64)
50 ml/½ dl trockener Wermut
30 g Schalotten, fein gehackt
Meersalz, Pfeffer
400 g/4 dl Sahne/Rahm
100 g Sauerampferblätter

Safrankartoffeln

4 Kartoffeln, mittelgross, feste Sorte
einige Safranfäden
oder 1 Msp Safranpulver
Meersalz

Garnitur

150 g Vollkornblätterteig
1 Eigelb zum Bestreichen

Safrankartoffeln
Kartoffeln schälen. Kugeln ausstechen. Im gewürzten Safranwasser weichkochen.

Sauerampfersauce
Weisswein, Fischfond, Wermut und gehackte Schalotten auf die Hälfte einkochen lassen. Sahne/Rahm dazugeben. Auf kleinem Feuer zu einer sämigen Sauce einkochen. Sauerampferblätter beigeben. Abermals aufkochen. Sauce pürieren.

Garnitur
Blätterteig 2 bis 3 mm dick ausrollen. Fische (oder andere Figur) ausstechen. Mit einer Spritzsacktülle Schuppen zeichnen. Fische mit Eigelb bestreichen. Im vorgeheitzten Ofen bei 220 °C 5 bis 6 Minuten goldgelb backen.

Äsche
Fischfilets auf der Hautseite würzen. Mit Mehl bestäuben. In der Bratbutter nur auf der Hautseite braten.

Anrichten
Mit der heissen Sauce auf die vorgewärmten Teller eine Spiegel machen. Fische mit der gebratenen Hautseite oben daraufsetzen. Safrankartoffeln und Blätterteigfische anrichten. Mit feingeschnittenem Sauerampfer und kleinen -blättchen garnieren.

Varianten
Die Äsche gilt unter Kennern als einer der besten einheimischen Fische. Sie ist von Dezember bis April am schmackhaftesten. Leider ist sie sehr rar. Ersetzt werden kann sie durch die Forelle, den Bachsaibling oder den Felchen.

Tip
Echten Wiesensauerampfer erntet man im frühen Frühling. Die kultivierte Art im Hausgarten kann man den ganzen Sommer pflücken.

Saibling mit Knusperkruste an wilder Schnittlauchsauce

für 4 Personen

Fisch

4 Filets vom Bachsaibling, ohne Haut, je 100g
1 Eiweiss
1 EL Vollkornmehl
*40g Dinkel- oder Weizenkleie**
1 EL geklärte Butter

Sauce

300ml/3dl Apfelwein
1 gehäufter EL (30g) Schalotten, sehr fein gehackt
Meersalz, Pfeffer
300g/3dl Sahne/Rahm
100g Butter
4 EL wilder Schnittlauch, fein geschnitten

Garnitur

150g Vollkornblätterteig
1 Eigelb

Sauce
Apfelwein, Schalotten und Gewürz auf 50ml/½ dl Flüssigkeit einkochen lassen. Sahne/Rahm dazugeben und abermals wenig einköcheln lassen.

Bachsaibling
Fische würzen. Auf einer Seite mit Eiweiss bepinseln. Mit Vollkornmehl bestäuben. Kleie darüberstreuen. Leicht andrücken. Auf der Panadenseite in der Bratbutter knusprig braten.

Garnitur
Blätterteig 3mm dick ausrollen. Mit Kleingebäck-Ausstechern beliebige Formen ausstechen. Mit Eigelb bestreichen und bei 220°C im Ofen 4 bis 5 Minuten backen.

Anrichten
Die Sauce unter ständigem Rühren aufkochen. Den Schnittlauch dazugeben. Pfanne vom Feuer ziehen. Die Butter in kleinen Portionen darunterschwingen. Mit der Sauce auf die vorgewärmten Teller einen Spiegel machen. Saibling, Panadenseite oben, in die Mitte legen. Mit dem Blätterteiggebäck und Schnittlauchblumen garnieren.

Tip
*Kleie fällt in der Küche immer dann an, wenn man das Korn selber mahlt und der selbstgemachte Teig sehr fein und rein sein soll. Es lässt sich für Panaden, für rustikale Backwaren, Pfannkuchen, Müelis usw. verwenden.

Kalbsfilet mit Flusskrebsen auf Brunnenkressepüree

für 4 Personen

Kalbsfilet

500–600 g Kalbsfilet
Salz und Pfeffer
1 EL geklärte Butter
8 grosse Flusskrebse (fakultativ)

Brunnenkressepüree

400 g Brunnenkresse
80 g Butter
50 g/½ dl Sahne/Rahm

Brunnenkressepüree
Die Kresse blanchieren, dabei eine Handvoll als Garnitur zurückbehalten. Durch die feinste Scheibe des Fleischwolfs stossen oder von Hand fein hacken. Püree samt Sahne/Rahm und Butter aufkochen. Mit Salz und Pfeffer abschmecken.

Flusskrebse
Die Krebse im Salzwasser auf kleinem Feuer 4 Minuten pochieren.

Kalbsfilet
Filets in 8 gleich grosse Stücke schneiden. Mit Salz und Pfeffer würzen. In der Bratbutter rosa braten.

Anrichten
Kalbsfilet auf vorgewärmte Teller anrichten. Mit dem Kressepüree überziehen. Mit den Flusskrebsen und der frischen Kresse garnieren.

Passende Beilage
Frühkartoffeln in der Schale, im Ofen gebacken.

Steak von der Truthenne mit Bärlauchknospen

▪ ▪ ▪ ▪ ▪ ▪ ▪ ▪ ▪ ▪ ▪

für 4 Personen

Fleisch

4 Fleischscheiben von der Pute/Truthenne, je 150g
Salz und Pfeffer
2EL geklärte Butter

Sauce

1 EL Schalotten, fein gehackt
100ml/1 dl Weisswein
200g/2dl Sahne/Rahm
100ml/1 dl Geflügel- oder Kalbsfond (Rezept Seite 62)
Salz und Pfeffer
48 Bärlauchknospen

▪ ▪ ▪ ▪ ▪ ▪ ▪ ▪ ▪ ▪ ▪

Fleisch
Fleischscheiben würzen und langsam in der Bratpfanne auf beiden Seiten braten. Die Pfanne sollte genauso gross sein wie das Bratgut. So verbrennt die Butter bestimmt nicht. Das Fleisch bei 80°C im Ofen warm stellen.

Schalotten in einem separaten Pfännchen in wenig Butter dünsten. In die Bratpfanne geben. Mit dem Weisswein ablöschen. Sahne/Rahm zum Fleischfond geben. Zu einer sämigen Sauce einkochen lassen. Durch ein Spitzsieb passieren. Die Bärlauchknospen beigeben und abermals aufkochen. Nach Belieben nachwürzen.

Anrichten
Das Fleisch auf vorgewärmte Teller anrichten. Mit der Sauce übergiessen. Als Beilage passen feine Nudeln oder rote Nudeln (Rezept Seite 56).

Varianten
Das Fleisch durch ein Kalbsrückensteak oder ein Schweinefilet ersetzen. Anstelle von Bärlauchknospen können auch Kapuzinerkresseknospen genommen werden.

Gefüllter Geldbeutel mit Wildgemüse

für 4 Personen

Geldbeutel

320g Kalbsbries/Kalbsmilken
120g Guter Heinrich oder Blattspinat
10g Breitwegerich
10g Baumtropfen
50g Kohldistel
10g Schafgarbenblätter
4 Sträusschen Oregano
12 Bärlauchzwiebeln, geviertelt und blanchiert
50g Butter
Salz
Pfeffer aus der Mühle
1 Blatt Strudelteig 35×35cm, gekauft oder hausgemacht
4 junge Möhren/Karotten als Garnitur

Strudelteig

180g Weizenvollkornmehl, Kleie ausgesiebt
2EL Öl
etwas Wasser
1KL Essig
1TL Meersalz

Strudelteig
Mehl und übrige Zutaten mit soviel lauwarmem Wasser mischen, dass ein mittelfester Teig entsteht. Gut durchkneten und zugedeckt an einem warmen Ort ruhen lassen. Dünn ausrollen. Weiterfahren wie nachfolgend beschrieben.

Kalbsbries/Kalbsmilken
Die Bries/Milke in 80g schwere Stücke schneiden. Mit Salz und Pfeffer würzen. Die Hälfte der Butter in einer nicht zu grossen Bratpfanne (wenn der Pfannenboden vom Bratgut bedeckt ist, wird die Butter nicht schwarz) erwärmen, und die Briesstücke/Milkenstücke auf mittlerem Feuer während 10 Minuten allseitig braun braten.

Wildgemüse
Wildgemüse blanchieren. In der restlichen Butter Kräuter und Bärlauchzwiebeln dünsten. Mit Salz, Pfeffer und einem Hauch Muskatnuss würzen.

Geldbeutel
Strudelteig in 4 Teile schneiden. Die Hälfte vom Gemüse in die Mitte geben. Bries/Milken darauflegen. Wie ein Geldbeutel schliessen und leicht zusammendrücken. Auf ein leicht gebuttertes Blech stellen. Im vorgeheizten Ofen bei 230°C 10 Minuten backen. Bei genügender Bräune die Geldbeutel mit einer Alufolie schützen und fertigbacken. Auf vorgewärmte Teller anrichten. Mit dem restlichen Wildgemüse, den Möhren/Karotten und dem Oreganosträusschen garnieren.

Tip
Allen Regeln zum Trotz wässere und blanchiere ich Kalbsbries/-milken nie. Schon mancher Gast hat durch diese Zubereitungsart eine Delikatesse «entdeckt». Wichtig ist, dass das Produkt ganz frisch (nicht tiefgefroren) ist.

Zartes Filet an Löwenzahnblütenhonigsauce mit Camarguereis

▪ ▪ ▪ ▪ ▪ ▪ ▪ ▪ ▪ ▪ ▪ ▪

für 4 Personen

Fleisch

500–600 g Schweinefilet, am Stück
1 EL geklärte Butter
3 EL Löwenzahnblütenhonig
(Rezept Seite 67)
150 ml/1½ dl Kalbsfond
(Rezept Seite 62)
1 EL Himbeeressig
2 EL Weisswein
Salz und Pfeffer

Camarguereis

250 g roter Naturreis
400 g gemischtes Saisongemüse,
z.B. Kohlrabi, Möhren/Karotten
samt Kraut, Rettich, grüner Spargel,
Blumenkohlröschen, Broccoli,
Porree/Lauch usw.
50 g Butter

▪ ▪ ▪ ▪ ▪ ▪ ▪ ▪ ▪ ▪ ▪ ▪

Schweinefilet
Filet würzen. In der Bratbutter rundum anbraten. Das Fleisch auf ein Gitter legen. Bei niedriger Temperatur im Backofen, am besten mit Umluft, bei 70–80 °C rund 90 Minuten garen. Vor dem Servieren bei grosser Oberhitze knusprig braten.

Butter nur weggiessen, wenn sie verbrannt ist. Den Bratfond mit dem Weisswein ablöschen. Himbeeressig, Kalbsfond und Löwenzahnblütenhonig beigeben. Zu Sirupdicke einkochen lassen. Durch ein Spitzsieb passieren. Kurz vor dem Servieren abermals aufkochen. Nach Belieben mit wenig kalter Butter verfeinern.

Camarguereis
Reis waschen und einige Stunden in 400 ml/4 dl Wasser einweichen. Zusammen mit dem Einweichwasser im Dampfkochtopf 15 Minuten kochen. Erst jetzt würzen.

Blumenkohl und Broccoli in Röschen zupfen, Spargeln kleinschneiden. Knackig kochen.

Wurzelgemüse (Möhren/Karotten, Kohlrabi, Rettich) mit einem Fantasieausstecher ausstechen. Knackig kochen. Zusammen mit der Butter unter den Reis mischen.

Anrichten
Mit der heissen Sauce auf die vorgewärmten Teller einen Spiegel machen. Fleisch tranchieren und anrichten. Reis und Gemüse anrichten. Mit Löwenzahnblüten bestreuen und einem Wildkräutersträusschen garnieren.

Lachs im Bärlauchnudelteig an Schlüsselblumensud

▪ ▪ ▪ ▪ ▪ ▪ ▪ ▪ ▪ ▪ ▪ ▪

für 4 Personen

Lachs

500g Lachs, sehr frisch,
vom Mittelstück, ohne Haut und Tran
600ml/6dl Gemüsebrühe/-bouillon
300ml/3dl Weisswein
16 Pfefferkörner
1 Frühlingsmöhre/-karotte, in dünne Scheiben geschnitten
1 Frühlingszwiebel, in Ringe geschnitten
1 Msp Safranpulver oder 8–10 Safranfäden
8 junge Bärlauchstiele, in 4cm lange Stücke geschnitten

Garnitur

6 gehäufte EL Schlüsselblumenblüten

Nudelteig

150–200g Bärlauchnudelteig
(Rezept Seite 30)

▪ ▪ ▪ ▪ ▪ ▪ ▪ ▪ ▪ ▪ ▪ ▪

Teigtaschen
Den Bärlauchteig mit der Maschine oder von Hand sehr dünn ausrollen. In 4 Rechtecke von 10×20cm schneiden. Lachs mit wenig Salz und Pfeffer würzen und portionieren. Die Fischstücke auf die eine Teighälfte setzen. Rand mit Wasser befeuchten. Schmalseiten zusammenklappen. Ränder gut andrücken. Bis zur Verwendung auf einem bemehlten Blech oder Teller auf die Seite stellen.

Bärlauchstiele blanchieren. Weisswein und Gemüsebrühe/-bouillon in einem möglichst grossen, niedrigen Kochtopf aufkochen. Gemüse und Gewürze beigeben. 2 Minuten köcheln lassen. Teigtaschen in den Sud legen. Pfanne vom Feuer nehmen. Zugedeckt 5 Minuten ziehen lassen.

Anrichten
Die Teigtaschen herausnehmen. In vorgewärmte Suppenteller legen. Eventuell diagonal halbieren. Pfefferkörner herausfischen. Den Sud abermals aufkochen. ⅔ der Schlüsselblumenblüten beigeben. Sud samt Gemüse zu den Teigtaschen geben. Restliche Schlüsselblumenblüten darüberstreuen. Sofort servieren.

Rehkitzkeule mit Rötelritterlingskraut und Wildbeerenchutney

■ ■ ■ ■ ■ ■ ■ ■ ■ ■ ■ ■

für 4 Personen

Rehkitzkeule

1 Rehkitzkeule, 600–800g
Öl zum Anbraten
100ml/1 dl Rotwein
½l Wildfond (Rezept Seite 63)
Salz, Pfeffer

Bratäpfel

2 Äpfel
wenig Vollrohrzucker
1 Stück Butter

Pilzgericht

400g violetter Rötelritterling
50g Magerspeckwürfelchen
50g Zwiebeln, fein gehackt
25g Butter
100ml/1 dl Rotwein
2–3EL Rotweinessig
Salz, Pfeffer
Sauerklee als Garnitur

Quarkspätzle

200g Speisequark (Magerquark)
1 Eigelb
1 Ei
200g Weizen- oder Dinkelvollkornmehl, sehr fein gemahlen, Kleie ausgesiebt
2EL Sahne/Rahm
½TL Meersalz

■ ■ ■ ■ ■ ■ ■ ■ ■ ■ ■ ■

Abbildung übernächste Seite

Rehkeule
Keule mit Salz und Pfeffer würzen. Im Öl kräftig anbraten. Auf ein Gitter legen. Bei niedriger Temperatur im Backofen, am besten mit Umluft, bei 70 bis 80°C rund eine Stunde garen (vorheizen ist nicht notwendig). Vor dem Servieren bei grosser Oberhitze kurz knusprig braten.

Restliches Bratöl weggiessen. Den Bratfond mit dem Rotwein ablöschen. Den Wildfond beigeben. Sauce auf die gewünschte Dicke einkochen lassen. Durch ein Spitzsieb passieren. Kurz vor dem Servieren abermals aufkochen. Nach Belieben mit wenig kalter Butter oder saurer Sahne/Sauerrahm verfeinern.

Quarkspätzle
Sämtliche Zutaten zu einem geschmeidigen Teig verarbeiten. Teig ruhen lassen. Portionenweise mit dem Spätzlehobel oder mittels eines Lochsiebes in reichlich siedendes Salzwasser geben. Spätzle steigen lassen. Mit der Schaumkelle herausnehmen. Mit ein paar Butterstückchen verfeinern oder in der Butter braten.

Die Quarkspätzle lassen sich auch tiefgefrieren. In diesem Fall eine grössere Menge Teig (z.B. die 5fache Menge) machen. Die gekochten Spätzle fortlaufend in einen Topf mit kaltem Wasser geben. Dies bewirkt, dass sie fest werden und verhindert das Zusammenkleben. Spätzle abtropfen und trocknen lassen. Portionenweise einfrieren.

Wer einmal in den Genuss von Quarkspätzle gekommen ist, wird sich mit «normalen» Spätzle nicht mehr zufrieden geben. Das Aussieben der Kleie (kann für Pfannkuchen und andere Getreidegerichte, Müeslis usw. verwendet werden) ist fakultativ. Mit Kleie braucht es etwas mehr Sahne/Rahm.

Holunder- und Preiselbeerchutney

1 kg schwarze Holunder- oder Preiselbeeren
100 g grob gehackte Zwiebeln
wenig frisch geriebener Ingwer
150 g Vollrohrzucker
10 g zerdrückte Senfkörner
1 Sträusschen Quendel oder Thymian
wenig Cayennepfeffer

Chutney-Varianten

Zutaten siehe oben
Abweichungen beim Zucker:
Sanddornbeeren 250 g
Rhabarber 200 g
Johannisbeeren 150 g
Stachelbeeren 200 g

Rötelritterlingskraut
Speck und Zwiebeln in der Butter dünsten. Die feinblättrig geschnittenen Ritterlinge beigeben und kurz mitdünsten. Mit dem Rotwein und Essig ablöschen. Würzen. Auf kleinem Feuer 20 Minuten köcheln lassen. Der Saft soll fast vollständig verdampfen.

Der Rötelritterling ist ein weit verbreiteter, typischer Herbstpilz, der im Handel auch aus Zuchten angeboten wird.

Bratäpfel
Äpfel schälen, halbieren und das Kerngehäuse ausstechen. Im Zucker wenden. In der Bratpfanne in wenig Butter goldgelb braten.

Chutney
Sämtliche Zutaten aufkochen. Auf kleinem Feuer 10 Minuten köcheln. In ein Sieb schütten und den Saft auffangen. Saft einkochen lassen. Früchte wieder beigeben und abermals aufkochen. Heiss in Gläser fülllen.

Auf Chutney aus roten Holunderbeeren ist zu verzichten, da die Kerne Giftstoffe enthalten.

Passende Beilagen
Auch glasierte Kastanien sowie Topinambour harmonieren mit dem Rehfleisch.

Fasanenbrust auf roten Nudeln mit Preiselbeersauce

▪ ▪ ▪ ▪ ▪ ▪ ▪ ▪ ▪ ▪ ▪ ▪

für 4 Personen

Rote Nudeln

200 g Weizenvollkornmehl,
Kleie ausgesiebt
100 g Rote Bete/Randen, gekocht
1 Ei
Salz und Pfeffer

Fasanenbrust

4 Fasanenbrüste zu 130 bis 160 g
Salz und Pfeffer
1 EL geklärte Butter

Preiselbeersauce

1 EL Schalotten, fein gehackt
50 ml/½ dl Weisswein
200 ml/2 dl Fasanenfond
(Rezept Seite 63)
200 g/2 dl Sahne/Rahm
4 EL frische Preiselbeeren
4 Salbeizweiglein

▪ ▪ ▪ ▪ ▪ ▪ ▪ ▪ ▪ ▪ ▪ ▪

Rote Nudeln
Rote Bete/Randen kleinschneiden und zusammen mit dem Ei pürieren. Mit Salz und Pfeffer würzen. Mit dem Mehl zu einem festen Teig verarbeiten. Teig in Klarsichtfolie eingepackt im Kühlschrank ruhen lassen. Mit der Teigwarenmaschine oder von Hand feine Nudeln herstellen.

Rote Nudeln kurz vor dem Servieren in reichlich Salzwasser kochen. Mit wenig Butter sorgfältig mischen.

Fasanenbrust
Fasanenbrüste würzen. In der Bratbutter auf kleinem Feuer nur auf der Hautseite braten. Warm stellen, am besten im Ofen bei 70–80 °C.

Den Bratfond mit dem Weisswein ablöschen. Sämtliche Zutaten (ohne Preiselbeeren) in die Pfanne geben. Auf kleinem Feuer zu einer sämigen Sauce einkochen lassen. Durch ein Spitzsieb passieren.

Anrichten
Nudeln in die Mitte der vorgewärmten Teller geben. Fasanenbrüstchen darauflegen. Die Sauce aufkochen, Preiselbeeren dazugeben. Über das Fleisch giessen. Mit einem Salbeizweiglein garnieren.

Wildentenbrust mit Kornelkirschen auf Zwiebelmus

▪ ▪ ▪ ▪ ▪ ▪ ▪ ▪ ▪ ▪ ▪ ▪

für 4 Personen

Wildentenbrust

*4 Wildentenbrüste zu 100–140g**
Salz und Pfeffer
1 EL geklärte Butter

Sauce

80g Vollrohrzucker
4 EL Wasser
5 EL Rosenblütenessig
(Rezept Seite 24)
200ml/2dl Rotwein
200ml/2dl Kalbsfond
(Rezept Seite 62)
80g Kornelkirschen, entsteint

Zwiebelmus

500g Zwiebeln

▪ ▪ ▪ ▪ ▪ ▪ ▪ ▪ ▪ ▪ ▪ ▪

Sauce
Zucker sorgfältig karamelisieren. Mit dem Wasser und Rosenblütenessig ablöschen. Rotwein beigeben und um ⅔ einkochen lassen. Kalbsfond beigeben und abermals um ⅔ einkochen lassen. Kornelkirschen zur Sauce geben.

Zwiebelmus
Zwiebeln schälen, vierteln und im Salzwasser weichkochen. Abschütten, pürieren und durch ein Sieb streichen. Mit Salz und Pfeffer leicht würzen.

Farbenfroh wird das Mus, wenn man rote Zwiebeln verwendet. Es verfärbt sich wunderschön hellblau. Aber Achtung: bei längerem Stehenlassen wird das Mus unansehnlich grau.

Wildentenbrust
*Geeignet ist die Tafel- oder Stockente oder die im Handel erhältliche Flugente aus der Zucht (Halb-Wildente).

Wildentenbrüste leicht würzen. In der Bratbutter rosa braten. Warm stellen.

Sauce fertigstellen
Kornelkirschensauce in die Bratpfanne der Entenbrüste geben, ohne die Butter wegzugiessen. Sauce aufkochen und abschmecken. Je nach gewünschter Säure wenig Rosenblütenessig dazugeben.

Anrichten
Das heisse Zwiebelmus in die Mitte der vorgewärmten Teller geben. Entenbrüste aufschneiden und auf das Zwiebelmus legen. Kornelkirschensauce um das Fleisch giessen. Mit einigen ganzen Kirschen und einem Rosmarinzweiglein garnieren.

Passende Beilage
Griessgnocchi

Wildkaninchenrücken an Holundersauce mit Haselnüssen

▪ ▪ ▪ ▪ ▪ ▪ ▪ ▪ ▪ ▪ ▪ ▪

für 4 Personen

Kaninchenrücken

2 Wildkaninchenrücken zu 250 g
Salz und Pfeffer
1 EL geklärte Butter
100 ml/1 dl Rotwein
300 ml/3 dl Wildfond
(Rezept Seite 63)
2 EL Holunderlikör (Rezept Seite 73)
4 EL Holunderbeeren
2 EL Butter
4 EL Haselnüsse, grob gehackt

▪ ▪ ▪ ▪ ▪ ▪ ▪ ▪ ▪ ▪ ▪ ▪

Kaninchenrücken
Die beiden Rücken vom Metzger auslösen und vorbereiten lassen. Von den zerkleinerten Knochen und Fleischabfällen lässt sich ein Wildfond zubereiten, oder, man verwendet die ganzen Knochen als Garnitur (siehe Bild).

Rückenfilets leicht salzen und pfeffern. Nur sehr kurz in der Bratbutter anbraten. An einem warmen Ort, am besten im Backofen, bei 60–70 °C ruhen lassen. Das Fleisch soll innen hellrosa bleiben.

Bratfond mit dem Rotwein ablöschen. Wildfond beigeben. Auf gewünschte Dicke einköcheln lassen. Mit dem Holunderlikör abschmecken. Holunderbeeren beigeben. Nochmals aufkochen.

Anrichten
Mit der Sauce auf die vorgewärmten Teller einen Spiegel machen. Rückenfilets tranchieren und anrichten. Haselnüsse in der erhitzten Butter kurz wenden. Über die Filets verteilen.

Passende Beilagen
Zu diesem Wildgericht passen sowohl die Quarkspätzle (Rezept Seite 53) als auch Polentaschnitten oder breite Nudeln.

Fleischbrühen-Basisfonds

■ ■ ■ ■ ■ ■ ■ ■ ■ ■ ■ ■

Kalbsfond

für zirka 1⅓ l Fond
900 g Kalbsknochen, klein gehackt
Abschnitte vom Kalbsrücken
100 g Kalbsnierenfett
(ist ein guter Geschmacksträger)
2 EL (25 g) Meersalz
frischer Pfeffer (2 Drehungen)
2 EL (20 g) Senf
200 g Zwiebeln, geschält,
in 8 Stücke geschnitten
40 g Knoblauch, ungeschält
(ergibt ein milderes Aroma)
40 g Mehl (fakultativ)
500 ml/5 dl Weisswein
2 l Wasser

Geflügelfond

Kalbsknochen und Fleischabschnitte durch Geflügel ersetzen. Mit Weisswein, lediglich mit 1 l Wasser. 1 Stunde köcheln lassen. Restliche Zutaten und Zubereitung siehe Kalbsfond.

■ ■ ■ ■ ■ ■ ■ ■ ■ ■ ■ ■

Grundsätzliches
Lieber kein Fond als ein schlechter. Eine gute Grundbrühe ist nach wie vor der Grundstein einer guten Sauce. Schon Escoffier brachte anfangs dieses Jahrhunderts neue Impulse in die Küche, indem er sie vereinfachte und der Zeit anpasste.

Ähnliche Überlegungen drängen sich auch heute wieder auf. Gerade bezüglich Fonds/Grundbrühen bedarf es einiger Erklärungen, weshalb man sich von der traditionellen, während Jahrzehnten gültigen Zubereitung abwendet: Weshalb wurden früher die Knochen für eine Brühe/Bouillon zuerst blanchiert? – Wegen der schlechten Kühlmöglichkeiten. Vor allem in der warmen Jahreszeit können Knochen rasch fürchterlich stinken. Weshalb röstete man Knochen und Röstgemüse fast schwarz? – Der schönen braunen Farbe wegen, dies allerdings auf Kosten des Geschmacks (bitter). Weshalb entfettete und schäumte man die Grundbrühen immer ab? Was rechtfertigte die langen Kochzeiten? – Man wollte damit dem Geschmack des übelriechenden oder ranzigen Fettes Herr werden.

Grundidee
Beim «neuzeitlichen» Fond wird so vorgegangen, als bereite man in einem Arbeitsgang ein Fleisch-, Fisch- oder Wildgericht zu.

■ ■ ■ ■ ■ ■ ■ ■ ■ ■ ■

Wild- und Wildgeflügelfond

Kalbsknochen und Fleischabschnitte durch Wild/-geflügel ersetzen. Mit Rotwein, lediglich mit 1 l Wasser. 1 Stunde köcheln lassen. Restliche Zutaten und Zubereitung siehe Kalbsfond.

Lammfond

Kalbsknochen und Fleischabschnitte durch Lamm ersetzen. Ohne Kalbsnierenfett, mit Weisswein. Restliche Zutaten und Zubereitung siehe Kalbsfond.

■ ■ ■ ■ ■ ■ ■ ■ ■ ■ ■

Grundrezept
Knochen wie für ein Ragout würzen und mit Senf einstreichen. Kalbsnierenfett in einer Gusseisenpfanne erhitzen. Knochen beifügen und kurz anbraten. Topf samt Inhalt in den Ofen schieben und bei 220 bis 250 °C rösten. Öfters umrühren. Nach 30 Minuten Zwiebeln und Knoblauch beigeben. Für weitere 10 Minuten im Ofen rösten. Mit dem Mehl bestäuben (fakultativ) und dem Wein ablöschen. Wasser beifügen und auf der Kochplatte auf kleinem Feuer 2 Stunden köcheln lassen. Weder abschäumen noch abfetten. Den Knoblauch rausfischen und durch das Spitzsieb passieren. Knochen entfernen. Brühe ebenfalls durch das Spitzsieb passieren. Sauce erkalten lassen und alsdann in den Kühlschrank stellen. Nach rund 6 Stunden ist das Fett hart und kann entfernt werden. Den Fond mit dem Schneebesen gut verrühren, weiterverwenden oder portionenweise einfrieren.

Fischbrühen/Basisfonds

Fischfond

für zirka 1½ l Grundbrühe
1 kg Fischgräte von Meerfischen (Seezunge, Steinbutt usw.)
200 g Zwiebeln oder Schalotten, geschält, grob zerkleinert
100 g weisser Porree/Lauch, grob geschnitten
3 EL (30 g) kalt gepresstes Olivenöl
500 ml/5 dl Weisswein
1 Sträuschen Thymian oder
1 Msp getrockneter Thymian
2 EL (20 g) Meersalz
15 Pfefferkörner, zerdrückt
1 l Wasser

Fischfond
Zwiebeln oder Schalotten, Gewürze und Porree/Lauch im Olivenöl 5 Minuten anschwitzen. Fischgräte beifügen und kurz andünsten. Weisswein und Wasser beifügen. Aufkochen. Auf kleinem Feuer 15 Minuten köcheln lassen. Durch ein Passiertuch oder Spitzsieb passieren. Erkalten lassen. Weiterverwenden oder portionenweise einfrieren.

Anmerkung
Die Verwendung von Süsswasserfisch-Gräten ist nicht ratsam, da der Fond gerne tranig schmeckt und das Aroma der Sauce nachteilig verändert.

Nachspeisen/Desserts

Holunderblütensekt

■ ■ ■ ■ ■ ■ ■ ■ ■ ■ ■

Sekt

18 l Wasser
2 l Weisswein
280 ml/2,8 dl Weissweinessig (4,5 %)
2 kg Zucker
2 Zitronen, in Scheiben geschnitten
100 g Sultaninen
400 g Holunderblüten

■ ■ ■ ■ ■ ■ ■ ■ ■ ■ ■

(Abbildung Seite 75)

Herstellung
Sämtliche Zutaten in einen grossen Kunststoffeimer geben und gut mischen. Mit einem Tuch zudecken und an einen warmen Ort stellen. Jeweils morgens und abends gut rühren.

Am 8. Tag den Sekt durch ein Tuch passieren und in Champagnerflaschen (ein absolutes Muss) füllen. Mit Plastik-Sektkorken (im Fachhandel erhältlich) verkorken und verdrahten. Im kühlen Keller kommt es dann zur zweiten Gärung, der Flaschengärung. Vorsicht: Es kann vorkommen, dass durch den hohen Innendruck die eine oder andere Flasche in Brüche geht. Der Sekt ist nach 4 Monaten trinkbereit. Sein volles Aroma entfaltet er aber erst nach rund 3 Jahren.

Öffnen der Flaschen
Den Sekt stark kühlen. Öffnen und sofort wieder mit einem Klemmzapfen verschliessen. Den Sekt einige Stunden an der Kühle ruhen lassen.

Auch für Verwöhnte
Die Arbeit und Mühe lohnt sich in jedem Fall. Der Sekt lässt bezüglich Aroma keine Wünsche offen.

Halbgefrorenes aus Löwenzahnblütenhonig

für 8 Personen
für eine grosse Terrineform

Halbgefrorenes

6 Eigelb
250 g Löwenzahnblütenhonig
50 g Bienenhonig
500 g/5 dl Schlagsahne/Schlagrahm
6 Eiweiss
150 g Zucker

Löwenzahnblütenhonig

Blüten vom Löwenzahn, gehackt,
für ein Gefäss von einem Liter Inhalt
(bei Sonnenschein pflücken)
1 l Wasser
Zitronenscheiben
1 kg Zucker

Fruchtkombinationen

Frühling:
Rhabarberkompott, Erdbeeren, Melonenkügelchen mit Portwein mariniert
Sommer:
gemischte Waldbeeren, Kornelkirschenkompott (Rezept Seite 87)
Herbst:
Preiselbeerenkompott (Rezept Seite 87)
Winter:
pochierte Rotweinbirnen, frische Datteln

Löwenzahnblütenhonig
Blüten und Zitronenscheiben samt Wasser aufkochen und rund 20 Minuten köcheln lassen. Durch ein feines Tuch oder ein Sieb passieren. Zucker zum Löwenzahnsaft geben und solange einköcheln lassen, bis die Flüssigkeit eine honigähnliche Konsistenz hat. In Gläser abfüllen.

Der Löwenzahnblütenhonig ist kühl und trocken gelagert und vor Sonnenlicht geschützt über ein Jahr haltbar.

Halbgefrorenes
Löwenzahnblütenhonig und Bienenhonig aufkochen. Unter kräftigem Rühren zum Eigelb geben. Solange weiterrühren, bis die Masse erkaltet und dickflüssig ist. Zuerst Schlagsahne/Schlagrahm und zuletzt das zusammen mit dem Zucker steifgeschlagene Eiweiss darunterziehen. In eine gekühlte Terrineform füllen und im Tiefkühler festwerden lassen.

Süsser Reis mit Erdbeersauce und Waldmeistersorbet

für 8 Personen

Reisköpfchen

50g Rundreis
10g schwarzer Kleberreis
(gerösteter asiatischer Reis)
500ml/½l Milch
½ Vanilleschote
1 Prise Salz
100g Akazienhonig
6 Blatt Gelatine, eingeweicht
500g/5dl Schlagsahne/Schlagrahm
weiche Butter für die Form

Erdbeersauce

400g reife Erdbeeren
wenig Zitronensaft
wenig Akazienhonig

Waldmeistersirup

500 ml/5dl Wasser
750g Zucker
½ Zitrone, in Scheiben geschnitten
100g Waldmeisterblüten,
bei Sonnenschein gepflückt

Waldmeistersorbet

375ml/3,75dl Sekt
oder Champagner
175ml/1,75dl Waldmeistersirup
50ml/0,5dl Zitronensaft

Reis
Rundreis und schwarzen Reis waschen. Zusammen mit der Milch, der Vanilleschote und der Prise Salz aufkochen. Auf kleinem Feuer garen. Den Honig darunterrühren. Vanilleschote auskratzen. Gelatineblätter unter den noch heissen Reis rühren. Leicht auskühlen lassen. Schlagsahne/Schlagrahm unter die Masse ziehen. In eine grosse, eingebutterte Gugelhopfform oder in Portionenförmchen füllen. Im Kühlschrank festwerden lassen.

Erdbeersauce
Früchte waschen, pürieren und durch ein feines Sieb streichen. Mit wenig Akazienhonig und Zitronensaft abschmecken.

Waldmeistersirup
Wasser, Zucker und Zitronenscheiben aufkochen und über die Blüten giessen. Eine halbe Stunde ziehen lassen. Durch ein feines Tuch oder ein Sieb passieren.

Waldmeistersorbet
Sämtliche Zutaten gut verrühren. In der Eismaschine gefrieren lassen.

Anrichten
Rand der Reisform oder der Reisförmchen mit einem Messer lösen. Formen kurz in heisses Wasser tauchen. Mit der Erdbeersauce auf die Teller einen Spiegel machen. Reisköpfchen auf den Teller stürzen. Sorbetkugel auf der Erdbeersauce anrichten.

Anmerkung
Blütensorbets lassen sich schlecht mit Honig, selbst mit dem milden Akazienhonig, herstellen, da das feine Blütenaroma verloren geht.

Rosenblüten- und Himbeersorbet

für 4 Personen

Himbeersorbet

400 ml/4 dl Himbeermark, Beeren püriert und passiert
wenig Himbeerlikör
Saft einer Zitrone
80–100 g Akazienhonig

Rosenblütensorbet

250 ml/2½ dl Weisswein (Riesling/Sylvaner)
100 ml/1 dl Wasser
Saft einer Zitrone
50 g Zucker
50 g Traubenzucker
40 g Kartoffelrosenblüten, bei Sonnenschein gepflückt

Himbeersorbet
Himbeerpüree mit dem Likör, dem Zitronensaft und dem Akazienhonig gut verrühren. In der Eismaschine gefrieren lassen.

Rosenblütensorbet
Wein, Wasser, Zitronensaft und Zucker verrühren. Rosenblüten beigeben. Zugedeckt einen Tag stehen lassen. Durch ein feines Tuch oder ein Spitzsieb passieren. In der Eismaschine gefrieren lassen.

Anrichten
Die beiden Sorbets in je einen Spritzsack (ohne Tülle) einfüllen. Die beiden Beutel in einen dritten, grösseren Spritzsack mit grosser Sterntülle stellen. Das Sorbet in gekühlte Gläser spritzen. Sofort servieren.

Anmerkung
Blütensorbets lassen sich schlecht mit Honig, selbst mit dem milden Akazienhonig, herstellen, da das feine Blütenaroma verloren geht.

Fruchtsorbets

Himbeersorbet

400 ml/4 dl Himbeermark von pürierten und passierten Früchten
wenig Himbeerlikör
Saft einer Zitrone
80–100 g Akazienhonig

Heidelbeersorbet

400 ml/4 dl Heidelbeermark von pürierten und passierten Früchten
Saft einer Zitrone
80–100 g Akazienhonig

Brombeersorbet

400 ml/4 dl Brombeermark von pürierten und passierten Früchten
Saft einer Zitrone
80–100 g Akazienhonig

Schlehdornbeerensorbet

250 ml/2,5 dl Schlehdornbeerensaft
250 ml/2,5 dl Wasser
150–200 g Akazienhonig

Sanddornbeerensorbet

250 ml/2,5 dl Sanddornbeerensaft
250 ml/2,5 dl Wasser
150–200 g Akazienhonig

Abbildung Seite 83

Himbeersorbet
Himbeermark mit sämtlichen Zutaten gut verrühren. In der Eismaschine gefrieren lassen.

Heidelbeersorbet
Siehe Himbeersorbet.

Schlehdornbeerensorbet
Gewaschene Schlehdornbeeren in eine Schüssel geben. Knapp mit Wasser bedecken. Über Nacht an der Kühle stehen lassen. Schlehdornbeeren abschütten. Beeren aufkochen und 10 Minuten auf kleinem Feuer köcheln lassen. Durch ein feines Sieb passieren. Wasser und Akazienhonig darunterrühren. Erkalten lassen. In der Eismaschine gefrieren lassen.

Sanddornbeerensorbet
Die gewaschenen Sanddornbeeren mit wenig Wasser 10 Minuten auf kleinem Feuer köcheln. Durch ein feines Sieb passieren. Wasser und Akazienhonig darunterrühren. Erkalten lassen. In der Eismaschine gefrieren lassen.

▪ ▪ ▪ ▪ ▪ ▪ ▪ ▪ ▪ ▪ ▪ ▪

Schwarzer Holunderbeerensirup

1 kg Holunderbeeren, entstielt
100 ml/1 dl Wasser
500 g Zucker

Schwarzer Holunderbeerenlikör

1 kg Holunderbeeren
125 g Zucker
pro Liter Saft 900 ml/9 dl klarer Holunderschnaps

Schwarzes Holunderbeerensorbet

250 ml Holunderbeerensirup (siehe oben)
50 ml/0,5 dl Holunderbeerenlikör (siehe oben)
100 ml/1 dl Wasser
Saft von ½ Zitrone

▪ ▪ ▪ ▪ ▪ ▪ ▪ ▪ ▪ ▪ ▪ ▪

Schwarzer Holunderbeerensirup
Gewaschene Beeren mit dem Wasser auf kleinem Feuer rund 20 Minuten köcheln lassen. Durch ein Spitzsieb oder ein feines Tuch passieren. Zusammen mit dem Zucker abermals aufkochen. In eine Flasche abfüllen.

Schwarzer Holunderbeerenlikör
Gewaschene Holunderbeeren und Zucker aufkochen. Einige Zeit stehen lassen. Durch ein Spitzsieb oder ein feines Tuch passieren. Erkalten lassen. Mit dem klaren Holunderschnaps mischen. In eine Flasche abfüllen.

Schwarzes Holunderbeerensorbet
Sämtliche Zutaten gut verrühren. In der Eismaschine gefrieren lassen.

Anmerkung
Der Akazienhonig ist bezüglich Geschmack unter den Honigarten der mildeste und neutralste. Viele empfinden aber selbst diesen dezenten Geschmack in einem Sorbet als störend. In diesem Falle ist der Akazienhonig durch Kristallzukker zu ersetzen.

Soufflé mit Walderdbeeren

für 4 Personen

Soufflé

4 Eigelb
30g Zucker
1 Prise Maisstärke
40g Walderdbeeren
4 Eiweiss
1 Prise Meersalz
2EL Erdbeermark
wenig Butter
zum Ausbuttern der Form
wenig Zucker für die Form

Erdbeermark

4 gehäufte EL Walderdbeeren
wenig Akazienhonig

Erdbeermark
Beeren mit wenig Honig pürieren und durch ein Sieb streichen.

Soufflé
Souffléförmchen mit weicher Butter einstreichen und mit Zucker bestreuen.

Mit dem Mixer oder Schneebesen Eigelb, Zukker und die Prise Maisstärke schaumig rühren. Eiweiss zu Schnee schlagen. Sorgfältig beide Massen mischen und das Erdbeermark darunterziehen. In Förmchen füllen. Walderdbeeren darüberstreuen und bei aufsteigender Hitze von 220 bis 250°C im vorgeheizten Ofen 10 Minuten backen. Sofort servieren.

Tip
Dieses Rezept gelingt am besten, wenn man zu zweit arbeitet. Das eine rührt das Eigelb schaumig, das andere das Eiweiss zu Schnee.

Ein Schluck Holunderblütensekt oder Champagner rundet das Soufflé ab.

Thuri's
BLUMENAU

Waldmeistersabayon mit Walderdbeeren

für 2 Personen

Sabayon

3 Eigelb
150 ml/1½ dl Sekt oder Champagner
7 EL Waldmeistersirup
1 EL Waldmeisterlikör (fakultativ)

Eis

Walderdbeeren
Erdbeersorbet (Rezept Seite 72)

Waldmeistersirup

Rezept Seite 68

Sabayon
Eigelb, Sekt oder Champagner, Waldmeistersirup und Waldmeisterlikör in einer Schüssel im heissen Wasserbad zu einer dicken, cremigen Masse schlagen. Dies dauert 5 bis 10 Minuten.

Anrichten
Walderdbeeren in grosse, gekühlte Gläser verteilen. Nach Belieben eine Kugel Erdbeersorbet ins Glas geben. Das warme Sabayon darübergiessen. Sofort servieren.

Holunderblütensorbet mit Holunderblütensekt

für 8 Personen

Sorbet

375 ml/3,75 dl Holunderblütensekt (Rezept Seite 66) oder gekauften Sekt
175 ml/1,75 dl Holunderblütensirup (siehe unten)
50 ml/½ dl Zitronensaft

Holunderblütensirup

½ l Wasser
750 g Zucker
½ Zitrone, in Scheiben geschnitten
80 g Holunderblüten, bei Sonnenschein gepflückt

Holunderblütensirup
Wasser, Zucker und Zitronenscheiben aufkochen. Über die Holunderblüten giessen. Abermals aufkochen. Durch ein feines Tuch passieren. Sirup in Flaschen abfüllen.

Holunderblütensorbet
Sämtliche Zutaten gut verrühren. In der Eismaschine gefrieren lassen.

Anrichten
Das Sorbet in einen Spritzsack mit Sterntülle einfüllen und in vorgekühlte Sektschalen spritzen. Mit wenig Sekt übergiessen. Auf blumengeschmückten Tellern servieren.

Anmerkung
Blütensorbets lassen sich schlecht mit Honig, selbst mit dem milden Akazienhonig, herstellen, da das feine Blütenaroma verloren geht.

Schaumköpfchen mit Waldbeeren

▪ ▪ ▪ ▪ ▪ ▪ ▪ ▪ ▪ ▪ ▪ ▪

für 4 Personen

Schaumköpfchen

1 Ei
1 EL Erdbeermark (siehe Fruchtmark)
30 g Akazienhonig
½ Vanilleschote, Samen ausgekratzt
150 g/1½ dl Schlagsahne/Schlagrahm
2½ Blatt Gelatine
gemischte Waldbeeren als Dekoration

Fruchtmark

je 100 g Erdbeeren, Himbeeren, Heidelbeeren
wenig Zitronensaft
nach Belieben wenig Akazienhonig

▪ ▪ ▪ ▪ ▪ ▪ ▪ ▪ ▪ ▪ ▪ ▪

Schaumköpfchen
Ei, Erdbeermark, Akazienhonig und Vanillemark im warmen Wasserbad aufschlagen. Alsdann im Eiswasser (Wasser mit reichlich Eiswürfeln) unter ständigem Rühren erkalten lassen. Gelatine im kalten Wasser einweichen. Im Wasserbad auflösen. Schlagsahne/Schlagrahm sorgfältig unter die Eimasse ziehen. Zuletzt die Gelatine daruntерrühren. In Kaffeetassen oder ein anderes passendes Geschirr füllen.

Fruchtmark
Früchte sortengetrennt pürieren. Durch ein Sieb streichen. Mit dem Zitronensaft und wenig Akazienhonig abschmecken.

Anrichten
Auf Glastellern das Heidelbeermark in die Mitte verteilen. Je einen Ring mit dem Himbeer- und Erdbeermark machen. Schlagsahne/Schlagrahm oder Sauerrahm in einen Spritzsack mit feiner Tülle einfüllen. Je einen Ring spritzen beim Übergang von einem Fruchtmark ins andere (siehe Abbildung). Mit einem Zahnstocher oder einer Messerspitze abwechslungsweise von innen nach aussen und umgekehrt durch das «Weisse» fahren. Förmchen kurz in heisses Wasser tauchen. Schaumköpfchen sorgfältig in die Mitte der vorbereiteten Teller stürzen. Mit gemischten Waldbeeren und nach Belieben mit etwas Puderzucker bestäuben.

Zartes Gebäck für Sorbets

▪ ▪ ▪ ▪ ▪ ▪ ▪ ▪ ▪ ▪ ▪ ▪

für 4 Personen

Teig

100g Mehl
100g Puderzucker
75g Eiweiss
50ml/½dl Milch
40g geschmolzene Butter

Sorbets

Rezepte Seite 68, 70, 72, 77
Abbildung siehe Seite 83

▪ ▪ ▪ ▪ ▪ ▪ ▪ ▪ ▪ ▪ ▪ ▪

Teigboden
Mehl, Puderzucker, Eiweiss und Milch mischen. Flüssige Butter beifügen. Grosses Backblech mit wenig Butter ausstreichen. Leicht mehlen. Mittels Backpinsel den Teig gleich einer Malerpalette auf das Blech streichen. Von Hand an einer Stelle eine runde Öffnung (Griff der Palette) machen. Teigböden im vorgeheizten Ofen bei 200°C goldgelb backen. Sofort mit dem Spachtel vom Blech nehmen und auskühlen lassen.

Verzierung: wenig Couverture (Schokolade mit hohem Fettanteil) im Wasserbad schmelzen. In eine kleine, selbstgemachte Papiertüte füllen, der man die Spitze wegschneidet. Teigboden und Teller verzieren.

Haselnussvacherin mit Akazienhonigeis gefüllt und Wildbeerenkompott

für 4 Personen

Japonaisböden

4 Eiweiss (150 g)
150 g Zucker
1 Prise Salz
100 g geriebene Haselnüsse
50 g Mehl
50 g Zucker

Honigeis

(Rezept ohne Eier)
500 ml/5 dl Milch
1 g Salz
125 g Akazienhonig
1 Vanilleschote, längs halbiert
2 g (½ KL) Nestragel
(pflanzliches Bindemittel)
100 g/1 dl Schlagsahne/Rahm

Wildbeerenkompott

Rezepte Seite 87

Abbildung Seite 83

Akazienhonigeis
Milch, Salz, Akazienhonig und Vanilleschote unter ständigem Rühren aufkochen. Vanillesamen herauskratzen und zur Milch geben. Die Flüssigkeit durch ein Spitzsieb passieren. Die Schlagsahne/-rahm darunterziehen. In der Eismaschine gefrieren lassen.

Japonaisboden
Das Eiweiss fast steif schlagen. Zucker und Salz dazugeben und fertig schlagen. Geriebene Haselnüsse, Mehl und Zucker sorgfältig darunterziehen.

Die Masse in einen Spritzsack mit Lochtülle einfüllen. Auf ein gebuttertes und gemehltes Blech oder auf ein Backpapier spiralenförmig, gleich einer Schnecke, Rondellen von zirka 5 cm Durchmesser spritzen. Man benötigt 12 Rondellen. Im vorgeheizten Ofen bei 180 °C backen.

Fertigstellen
Den ersten Teigboden mit weichem Eis bestreichen. Den zweiten Teigboden daraufsetzen. Abermals mit dem Eis bestreichen. Den dritten Teigboden daraufsetzen. Sorgfältig zusammendrücken. Jetzt sowohl Teigboden wie die Wand mit dem Eis einstreichen. Mit einem kleinen Spachtel glattstreichen. Mit einem Tupfen Couverture (Schokolade mit hohem Fettanteil), die man im Wasserbad schmilzt, sowie einer Haselnuss garnieren. Bis zum Servieren in den Tiefkühler stellen. Die weiteren drei Vacherins gleich herstellen.

Anrichten
Vacherin zusammen mit Wildbeerenkompott oder frischen Wildbeeren servieren.

Tip
Immer genügend Japonaisböden backen, da sie leicht zerbrechen. Sie lassen sich in einer Konfektdose gut einige Tage aufbewahren.

Feine Pfannkuchen mit Hagebuttenfüllung

■ ■ ■ ■ ■ ■ ■ ■ ■ ■ ■

für 4 Personen

Pfannkuchen

75g Dinkel- oder Weizen-vollkornmehl, Kleie ausgesiebt
2 Eier
20g Akazienhonig
250ml/2½dl Milch
wenig Orangen- und Zitronenschale
½ EL geschmolzene Butter

Hagebuttenmarmelade/-konfitüre

200g halbierte, entkernte, gewaschene Hagebutten der Kartoffelrose (rosa rugosa)
250g Zucker
wenig Wasser

Hagebuttencreme

100g Hagebuttenmarmelade/-konfitüre
Saft einer Zitrone
150g weiche Butter
2 Eier

Garnitur

12 schöne Kartoffelrosenfrüchte (rosa rugosa) zum Füllen
etwas gehackte Pistazien

■ ■ ■ ■ ■ ■ ■ ■ ■ ■ ■

Hagebuttenmarmelade/-konfitüre
Früchte und Zucker mit wenig Wasser aufkochen. Auf kleinster Stufe maximal 10 Minuten köcheln lassen. Bei sorgfältigem Kochen behalten die Früchte ihre schöne Farbe und zerfallen nicht. Marmelade noch heiss in Einmachgläser füllen.

Hagebuttencreme
Marmelade/Konfitüre samt Zitronensaft fein pürieren und durch ein Sieb streichen. Zusammen mit den Eiern und der Butter in einer kleinen Pfanne unter ständigem Rühren auf kleiner Hitze knapp vor den Kochpunkt bringen. Vom Feuer ziehen. Abermals durch ein Sieb streichen, damit allfällige Eireste im Sieb zurückbleiben. Vollständig auskühlen lassen.

Pfannkuchen
Orangen- und Zitronenschale sehr fein hacken. Mehl, Eier, Honig, Milch und gehackte Schalen gut mischen. Am Schluss die Butter darunterrühren. In einer nicht klebenden Pfanne 12 kleine, sehr dünne Pfannkuchen ausbacken.

Anrichten
Den ganzen Hagebuttenfrüchten einen Deckel wegschneiden. Mit einem kleinen Löffel oder mit einem Löffelstiel Kerne und Haare sauber auskratzen. Mit etwas Hagebuttencreme füllen. Deckel aufsetzen.

Pfannkuchen dünn mit der Hagebuttencreme bestreichen und zwei Mal einschlagen.

100g Marmelade/Konfitüre mit etwas Wasser verdünnen und mit wenig Zitronensaft abschmecken. Leicht erwärmen. Erwärmte Marmelade in die Mitte der Teller verteilen. Pfannkuchen darauflegen. Mit den gefüllten Hagebutten und den Pistazien garnieren.

Sanddornmousse mit Wildfrüchtekompott

für 8 Personen

Sanddornsaft

350 g Sanddornbeeren

Sanddornmousse

200 ml/2 dl Sanddornsaft
250 g Akazienhonig
Saft einer Zitrone
3½ Blatt Gelatine, eingeweicht
500 g/5 dl Schlagsahne/Schlagrahm

Schlehdornbeerenkompott

Rezept Seite 87

Kornelkirschenkompott

Rezept Seite 87

Sanddornsaft
Gewaschene Sanddornbeeren in eine Pfanne geben. Mit soviel Wasser auffüllen, dass die Beeren damit knapp bedeckt sind. Aufkochen und 10 Minuten auf kleinem Feuer köcheln lassen. Durch ein feines Tuch oder Sieb passieren.

Mousse
Sanddornsaft und Honig aufkochen. Die Gelatine beigeben. Auf Eiswasser (Wasser mit Eiswürfeln) abkühlen lassen. Achtung: die Mousse darf nicht fest werden. Zitronensaft darunterrühren. Schlagsahne/Schlagrahm darunterziehen. Im Kühlschrank festwerden lassen.

Anrichten
Mit einem Esslöffel von der Mousse Klösse abstechen. Anrichten und garnieren wie aus der Abbildung ersichtlich.

Brombeermousse

für 8 Personen

Brombeermousse

2 Eier
75g Akazienhonig
wenig Zitronensaft
500ml/5dl Brombeermark
aus pürierten und passierten Früchten
6 Blatt Gelatine, eingeweicht
500g/5dl Schlagsahne/Schlagrahm

Brombeermark

700g Brombeeren
wenig Akazienhonig

Garnitur

Brombeermark
gemischte Waldbeeren

Brombeermark
Brombeeren pürieren und durch ein feines Sieb streichen. Mit dem Honig süssen.

Brombeermousse
Eier, Honig und wenig Zitronensaft in einer Schüssel im heissen Wasserbad zu einer dicken, cremigen Masse schlagen. Dies dauert rund 10 bis 15 Minuten. Schüssel in Eiswasser (Wasser mit Eiswürfeln) stellen und unter ständigem Rühren erkalten lassen. Die eingeweichte, gut ausgedrückte Gelatine in wenig erwärmtem Mark auflösen. Restliches Brombeermark und Schlagsahne/Schlagrahm unter die Eimasse ziehen. Gelatine unter die Mousse rühren. Mindestens einen Tag im Kühlschrank festwerden lassen.

Anrichten
Mit der Brombeersauce auf den Tellern einen Spiegel machen. Mousse mit einem Esslöffel abstechen und auf der Sauce anrichten. Mit frischen Beeren garnieren.

Wildbeerenkompott

pro Kompott für 4 bis 6 Personen

Schlehdornbeerenkompott

500 g Schlehdornfrüchte
250 g Zucker
250 ml/2,5 dl Wasser

Kornelkirschenkompott

600 g Kornelkirschen
200 g Zucker
wenig Wasser

Sanddornbeerenkompott

600 g Sanddornbeeren
200 g Zucker
wenig Wasser

Vogelbeerenkompott

200 g Vogelbeeren, nach dem ersten Frost gepflückt
50 g Zucker
wenig Wasser

Preiselbeerenkompott

250 g Preiselbeeren
125 g Zucker
1 dl Weisswein

Schlehdornbeerenkompott
Schlehdornbeeren waschen und über Nacht im Wasser einweichen. Beeren in ein Sieb über einer Pfanne abschütten. Flüssigkeit mit dem Zucker aufkochen. Beeren beigeben. Eine Stunde stehen lassen. Saft abseihen und zu einem dickflüssigen Sirup einkochen lassen. Zu den Schlehdornbeeren geben.

Kornelkirschenkompott
Kornelkirschen waschen, entstielen und entsteinen. Im Zuckersirup rund 10 Minuten köcheln lassen. Im Sirup erkalten lassen.

Sanddornbeerenkompott
Sanddornbeeren waschen. Zucker mit wenig Wasser aufkochen. Über die Beeren giessen. Nochmals aufkochen, damit sich der Zucker auflöst. In ein geeignetes Glas füllen.

Vogelbeerenkompott
Vogelbeeren, Wasser und Zucker 2 bis 3 Stunden an der Wärme stehen lassen. Langsam erhitzen und vor den Kochpunkt bringen. In ein Glas füllen.

Will man den ersten Frost nicht abwarten, kann man die Beeren für eine Nacht in den Tiefkühler stellen, was die gleiche Wirkung hat.

Vogelbeeren sind roh gegessen kein Genuss. Auch nach dem ersten Frost sind sie noch ziemlich bitter.

Preiselbeerenkompott
Weisswein und Zucker aufkochen. Preiselbeeren beigeben und 5 Minuten köcheln lassen.

Anmerkung
Sämtliche Kompotte sind nur beschränkt haltbar, d.h. im Kühlschrank mehrere Tage. Für die Vorratshaltung kommt Heisseinfüllen oder Sterilisieren infrage.

Wildbeerenterrine mit Brombeersauce

■ ■ ■ ■ ■ ■ ■ ■ ■ ■ ■ ■

für 10 Personen
Terrineform von 1500 ml/1,5 l Inhalt

Wildbeerenterrine

600 g gemischte Beeren,
z.B. Kornelkirschen, Heidelbeeren,
Himbeeren, Walderdbeeren,
Brombeeren
300 ml/3 dl Milch
100 g Akazienhonig
1 Vanilleschote, längs halbiert
4 Eigelb
100 g/1 dl Sahne/Rahm
6 Blatt Gelatine,
in kaltem Wasser eingeweicht
Ackerminze als Garnitur

Brombeersauce

400 g reife Brombeeren
wenig Akazienhonig,
je nach Süsse der Früchte
etwas Wasser

■ ■ ■ ■ ■ ■ ■ ■ ■ ■ ■ ■

Wildbeerenterrine
Milch, Honig und Vanilleschote aufkochen. Unter kräftigem Schlagen mit dem Schneebesen zum Eigelb geben. Eicreme vorsichtig zur Rose kochen: man kocht die Masse solange, bis sie bindet; keinesfalls kochen lassen. Vanillehälften auskratzen. Sahne/Rahm und ausgedrückte Gelatine zur Eimasse geben. Die Creme auf Eiswasser unter ständigem Rühren wenig auskühlen lassen (sie darf nicht fest werden). Terrineform einbuttern und mit einer Plastikfolie auslegen. Die bunt gemischten Beeren locker einfüllen. Eimasse darübergiessen. Mindestens 3 Stunden zum Festwerden in den Kühlschrank stellen.

Brombeersauce
Früchte, Honig und wenig Wasser pürieren. Fruchtmus durch ein Sieb streichen.

Anrichten
Terrine stürzen. Die Plastikfolie sorgfältig entfernen. In 10 Scheiben schneiden. Mit der Brombeersauce einen Spiegel machen. Terrine darauflegen. Mit der Ackerminze und einigen Beeren garnieren.

Tip
Die Wildfrüchte können auch mit Erdbeeren und Früchten aus dem Hausgarten gemischt werden.

Ackerminze

Bachbalsam, Katzenminze, Päreminze, Stinkkraut

Allgemeines
Sie enthält kein Menthol wie die echte Pfefferminze, und trotzdem hat sie ein minzenähnliches Aroma. Damit ist sie in guter Gesellschaft von weiteren bekannten, wildwachsenden Minzenarten wie die Rossminze, Wasserminze oder die ährige Minze. Sie haben alle das fast gleiche Aroma und die gleichen Heilwirkungen.

Blüten
Aus den oberen Blattachsen, in dichten, quirligen Blütenstauden, nicht endständig. Lila bis blassviolette Lippenblüten.

Blätter
Oval, bis lanzettlich, kreuzweise gegenständig (typisch für alle Lippenblütler), kurzgestielt, Blattrand gezähnt-gekerbt.

Stengel
10 bis 35 cm hoch, aufsteigend oder am Boden liegend.

Blütezeit
Juni bis September.

Sammelzeit
Die ganze Pflanze bei Blütenbeginn.

Standort
Äcker, Gräben, Schuttplätze, feuchte Wiesen und Waldwege.

Inhaltsstoffe/Wirkstoffe
Ätherisches Öl, Keton, Menthon (kein Menthol).

Wirkung/Verwendung
Der Aufguss der ganzen jungen Pflanze wirkt krampflösend, harn- und galletreibend. Dieser Tee sollte nicht über längere Zeit getrunken werden. Die Ackerminze ist vielmehr als Zusatz in Teemischungen zu empfehlen.

Küche
Als Gewürz für Saucen. Rezepte: Frühlingsrolle mit Riesencrevetten und Bärlauchsoja (Seite 16). Spargelterrine mit Morcheln an Ackerminzbutter (Seite 34).

Bärenklau

Wiesen-Bärenklau, Bärentatze

Allgemeines
1 bis 1½ m hoher Doldenblütler. Wegen der Dolden wird diese Pflanze öfters mit anderen Doldengewächsen, so z.B. Kerbel, Haarstrang, Kälberkropf und vielen anderen verwechselt. Kaum zu verwechseln ist der Wiesen-Bärenklau schon wegen des Grössenunterschiedes mit dem Riesen-Bärenklau, der bis zu 3 m hoch wird und nur als Zierpflanze (Achtung: Allergie-Gefahr bei Berührung) dient. Der Wiesen-Bärenklau wächst vor allem auf mit Jauche (hohe Stickstoffkonzentration) gedüngten Wiesen. Und da gerade die Doldenblütler diese einseitige Düngung bevorzugen, führt dies zu einer starken Verbreitung der Pflanzen. Der Bärenklau ergibt ein wenig wertvolles Milchfutter, vom Vieh wird er kaum gefressen, weil die Stengel während der Blütezeit stark verhärten. Daher verbreitet er sich in den Wiesen sehr schnell und üppig und bildet mit seinen grossen Blättern und Blüten grossflächige Bestände und verdrängt viele wertvollere Wiesenpflanzen.

Blüten
Weissblühende bis grünlichgelbe Dolden, end- und achselständig, sehr gross, mit 15 bis 30 Strahlen, keine Hüllblätter.

Blätter
Einfach gefiedert oder tief fiederspaltig, mit gelappten Fiederblättchen, rauh behaart. Die Grundblätter sind langgestielt, die Stengelblätter sind sitzend mit grossbauchiger Blattscheide.

Stengel
Stark gerillt, hohl, dicht und borstig behaart, am Grunde dicker als 5 mm.

Wurzel
Tiefe, rübenförmige Pfahlwurzel, welche meistens im 2. Jahr abstirbt.

Blütezeit
Juni bis Oktober.

Sammelzeit
Junge Blätter, Sprossen und Stiele für die Küche vor der Blüte, die Wurzeln für Heilzwecke vor dem Austrieb im März bis April oder im Spätherbst.

Standort
Fette Wiesen, Gebüsche, Waldränder, Ufer.

Inhaltsstoffe/Wirkstoffe
Glutamin, Arginin, ätherisches Öl.

Wirkung/Verwendung
Stoffwechselanregend, besonders gut für die Milz, bei Hautleiden. Die Wurzel vom Bärenklau wird oft auch als Ersatz für Bibernelle gebraucht.

Küche
Sprossen und Stiele für Suppen, Gemüse und Mischsalat. Rezepte: Kartoffelrahmsuppe (Seite 15), Wildsalat mit Hopfensprossen (Seite 29).

Bärlauch

Waldknoblauch, Zigeunerlauch, Ramsel, Rämschele, Bärenkraut

Allgemeines
Die Bezeichnung Bärlauch kommt nicht von ungefähr. Eine Beziehung zu den Bären besteht insofern, als in Zeiten, da Bären in unseren Wäldern hausten, diese sich nach dem langen Winterschlaf an diesem Kraut gütlich taten, um neue Kräfte zu sammeln. Die ganze Pflanze riecht stark nach Knoblauch. Der Bärlauch ist ein Zwiebelgewächs.

Blüten
Die schneeweissen, sternförmigen Blüten bilden eine wunderschöne kugelige Blumenkrone.

Blätter
Die elliptisch-lanzettlich und lang gestielten Blätter sind von sattgrüner Farbe und färben sich im Sommer stark gelb.

Blütezeit
Die Blütezeit ist ab Ende Mai bis Juni.

Sammelzeit
Die jungen Blätter werden von März bis Juni vor der Blütezeit gesammelt. Eine Verwechslung mit den Herbstzeitlose- oder Maiglöckchenblättern kann vermieden werden: Blätter leicht verreiben. Nur der Bärlauch entfaltet das typische Knoblaucharoma. Die geschlossenen Blütenknospen finden gute Verwendung in der Küche, ebenso die im Spätsommer ausgegrabenen Zwiebeln.

Standort
Die Verbreitung von Bärlauch ist sehr unterschiedlich, d.h. in gewissen Gegenden ist er nicht anzutreffen, aber dort, wo die Pflanze gedeiht, bedeckt sie häufig den ganzen Waldboden und verbreitet ihren intensiven Knoblauchgeruch weitherum. Der Bärlauch liebt feuchten, humusreichen Laubwaldboden.

Inhaltsstoffe/Wirkstoffe
Ätherisches Öl (Allicin) mit Sulfiden.

Wirkung/Verwendung
Die Wirkung des frischen Bärlauchs ist ähnlich wie die des Knoblauchs. Er hilft bei Fäulnis- und Gärungsprozessen in Magen und Darm, bei Arterienverkalkung und altersbedingtem hohem Blutdruck und wirkt blutreinigend bei Hautunreinheiten. Die getrockneten Blätter haben nur eine bescheidene Wirkung; dagegen kann der aus frischen Blättern hergestellte Bärlauchwein gute Dienste leisten.

Küche
Die jungen, zarten Blätter für Suppen, Salate und Salatgemisch oder gedämpft zusammen mit anderen Blattgemüsen. Die geschlossenen Knospen fein gehackt als Würze für Salatsaucen und die Bärlauchzwiebeln wie Knoblauch für Pesto und Gewürzbutter. Rezepte: Kartoffelrahmsuppe (Seite 15), Frühlingsrolle (Seite 16), Wildkräutertortelloni (Seite 19), Wildsalat (Seite 29), Bärlauchnudeln (Seite 30), Kümmelravioli (Seite 32), Spargelterrine (Seite 34), Waldpilze im Blätterteig (Seite 38), Grilliertes Bonitosteak (Seite 41), Steak von der Truthenne (Seite 47), Gefüllter Geldbeutel (Seite 48), Lachs an Schlüsselblumensud im Bärlauchnudelteig (Seite 52).

Bibernelle

Pimpernelle, Bockspeterlein, Bockwurz, weisse Theriakwurz, Pfefferwurzel

Allgemeines
Die Bibernelle ist eine altbekannte Heilpflanze. Schon früh entdeckte man ihre Kraft, welche das eigene Wohlbefinden erhöhte, den Körper stärkte und die Nerven beruhigte. Im Mittelalter während der Pest-Zeit spielte sie ebenfalls eine wichtige Rolle. Die mehrjährige Pflanze gehört zur grossen Familie der Doldenblütler. Die kleine Bibernelle wird 20 bis 60 cm hoch, die grosse bis 100 cm.

Blüten
Die Döldchen der 10 bis 15strahligen Blütendolden sind jeweils mit 10 bis 20 kleinen Blüten, ohne Hüllenblätter, besetzt. Die Blüten der kleinen Bibernelle sind zuweilen rötlich, im Gebirge oft rot, diejenigen der grossen sind immer weiss.

Blätter
Einfach gefiedert, dunkelgrün und stark glänzend. Die unteren Blätter sind gestielt, die obersten sitzen auf Blattscheiden, sind kleiner und tief eingeschnitten.

Stengel
Bei der kleinen Bibernelle ist der Stengel fein gerillt und nach oben fast blattlos, bei der grossen ist der Stengel kantig und gefurcht und auch nach oben beblättert.

Wurzel
Länglich, rübenartig, aussen weisslichbraun oder schwärzlich. Der an einen Geissbock anmutende Geruch hat ihr den Namen «Bockwurz» oder «Bockspeterlein» eingebracht.

Blütezeit
Grosse Bibernelle Mai bis Juli. Kleine Bibernelle Juni bis September.

Sammelzeit
Die Wurzeln im Frühjahr oder Herbst, die jungen Blätter für die Küche im Frühjahr vor der Blüte.

Standort
Sowohl die kleine als auch die grosse Bibernelle ist in ganz Europa heimisch. Die grosse Bibernelle bevorzugt feuchte Wiesen, die kleine dagegen eher trockene Plätze an Wegrändern und Berghängen bis über 2000 m.ü.M.

Inhaltsstoffe/Wirkstoffe
Ätherische Öle, Bitterstoffe, Gerbstoffe, Saponien, Mineralsalze, organische Säuren.

Wirkung/Verwendung
Der Aufguss der Wuzeln wirkt bei Husten auswurffördernd. Deshalb werden sie oft den Hustenteemischungen beigefügt. Sie wirken aber auch appetitanregend, verdauungsfördernd und blähungswidrig. Äusserlich wird sie als Gurgelmittel bei entzündlichen Erkrankungen der Mund- und Rachenhöhle sowie bei Heiserkeit verwendet. Bibernellenwein wurde schon früher von Rednern, Sängern und von Menschen mit schwachen Stimmbändern geschätzt. Rezept: Bibernellewurzeln in Weisswein kochen. Täglich ein Likörglas voll trinken und mehrmals damit gurgeln. So werden die Stimmbänder gestärkt und die Lunge gereinigt.

Küche
Die jungen Blätter als Suppengrün. Rezepte: Carpaccio (Seite 36).

Breitwegerich

Breitblättriger Wegerich, grosser Wegerich, Wegebreit, Wegtritt, Heilwegerich

Allgemeines
Man kennt verschiedene Wegericharten. Unterschieden werden können sie aufgrund der Blüten und Blätter und der Blütenfarbe. Die bekanntesten und als Heilkräuter am meisten verwendeten Wegeriche sind der Spitzwegerich und der Breitwegerich. Als anspruchslose Heilpflanze finden wir den Breitwegerich auf trockenen, sogar festgetretenen Böden in tiefen Lagen bis in eine Höhe von über 2000 m. Auch bei häufiger Begehung gedeiht er zwischen Pflastersteinen, auf Kies- und Felswegen und überall dort, wo andere Pflanzen bei ähnlichen Torturen schon längst eingegangen wären. Seine Kräfte, die bekannt sind für eine sofortige und gute Selbstheilung, machen wir uns zunutze, indem wir zerquetschte Blätter auf wundgelaufene Füsse auflegen, auf wunde Hautstellen, Quetschungen und Insektenstiche. Die Blätter mit den stark ausgeprägten Blattnerven sind bei den Kindern ein beliebtes Spiel: Zwei Mädchen halten ein Blatt in den Händen, das sie durch ruckartiges Ziehen auseinanderreissen. Die Anzahl der sichtbaren Fäden verrät, wer wieviele heimliche Verehrer hat.

Blüten
Weisslich-braun, geruchlos, lange Ähren.

Blätter
Grosse, ganzrandige Blätter mit deutlich hervortretender Nervatur, welche eine schöne Blattrosette bilden.

Stengel
Aus der Mitte der rundständigen Blattrosette erhebt sich der Blütenstiel mit den kleinen, ovalen Samen.

Blütezeit
Mai bis Herbst.

Sammelzeit
Die jungen Blätter für Gemüse im Frühjahr.

Standort
Trockene Wiesen, Wege, Wegränder, Ödland, Weiden.

Inhaltsstoffe/Wirkstoffe
Glykosid, Aucubin, Schleimstoffe, Invertin.

Wirkung/Verwendung
Der Aufguss der Blätter ist ein Volksheilmittel. Der Saft der frischen Blätter wirkt blutreinigend, zusammenziehend, harntreibend und keimtötend. Die zerriebenen Blätter als Auflage lindern bei Bienen- und Wespenstichen und stillen bei stark blutenden Wunden. Das Zerkauen der Wurzel hilft bei Zahnschmerzen. Bei Ohren-, Zahn- und Kopfweh steckt man einige aufgerollte Blattnerven (Fäden) in die Ohren.

Küche
Als feines Blattgemüse zusammen mit andern Wildgemüsen. Rezept: Gefüllter Geldbeutel mit Wildgemüse (Seite 48).

Brennessel

Haarnessel, Scharfnessel, Tausendnessel, Hanfnessel, Donnernessel, Habernessel, Senznessel

Allgemeines
Die Brennessel ist sicher eine der bekanntesten Pflanzen. Wer hat nicht schon mit ihren stechenden und brennenden Eigenschaften Bekanntschaft gemacht. Viel zu oft wird sie deswegen verachtet, ganz zu Unrecht, hat sie doch als Heilpflanze, in der Küche usw. einiges zu bieten. Der bekannte Kräuterpfarrer Johann Künzle lobte die Brennnessel: «Wenn diese Pflanze nicht stechen und brennen würde, wäre sie wegen ihrer vielseitigen Verwendung längst ausgerottet.» Die Brennessel ist mehrjährig, zweihäusig, d.h. auf einer Pflanze sind nur weibliche oder nur männliche Blüten. Sie wird bis 1,5 m hoch und hat einen eigenartigen, aber nicht unangenehmen Geruch.

Blüten
Die kleinen, unscheinbaren, grünen Blüten hängen in langen Rispen.

Blätter
Die länglich-herzförmigen Blätter sind am Rande grobgesägt, stehen gekreuzt-gegenständig und sind von graugrüner Farbe. An Blättern und Stengel sind Brennhaare, welche das Nesselgift enthalten. Beim Berühren dieser feinsten Kapillarhärchen bricht ein kleines Köpfchen am Ende des Brennhaares ab. Beim Eindringen des Nesselgiftes in die Haut entstehen brennende Nesselquaddeln.

Stengel
Im aufrechten Stengel sind bartähnliche Fasern, aus denen das Nesseltuch hergestellt wird.

Wurzel
Der verzweigte Wurzelstock hat viele Ausläufer.

Blütezeit
Die Brennessel blüht von Juni bis September.

Sammelzeit
Die jungen Blätter für Tee oder für die Küche im Mai pflücken.

Standort
Sie ist sehr stark verbreitet, und man findet sie fast überall an Wegrändern, in Hecken, Gebüschen, Wäldern, Gärten, auf Ödland und Schutthalden.

Inhaltsstoffe/Wirkstoffe
Dank ihrer vielen, unterschiedlichen Wirkstoffe wie Gerbsäure, Vitamin C, Chlorophyll und Mineralien (vorwiegend Eisen und Magnesium) ist sie als Heilpflanze vielseitig verwendbar.

Wirkung/Verwendung
Der Tee aus den getrockneten Blättern wirkt harntreibend, blutreinigend, kräftigend und verdauungsregulierend bei Wassersucht, Rheuma, Gicht und Stoffwechselstörungen. Das Brennesselpulver ist blutbildend.

Küche
Junge Blätter wie Spinat kochen oder dem Blattspinat beifügen. Für Suppen, Salate und Wildgemüse. Rezepte: Brennesselsuppe mit Blätterteighaube (Seite 14), Brennesselquiche (Seite 22), Eglifilets aus dem Bodensee an Brennesselsauce (Seite 28).

Brunnenkresse

Wasserkresse, Bachkresse, Kersche, Paderkerse, Bornkassen

Allgemeines
Die Brunnenkresse ist eine Frühjahrspflanze von starkem Geruch und scharf-bitterem Geschmack. Sie gedeiht nur in sauberen Gewässern und ist daher wildwachsend nicht mehr so häufig anzutreffen. Die grossen Mengen, die auf den Gemüsemärkten angeboten werden, stammen meist aus kultivierten Beständen. Die Kresse ist eine ausdauernde, mehrjährige Wasserpflanze aus der Familie der Kreuzblütler, wird bis zu 60 cm hoch und breitet sich grossflächig aus. Im Winter stirbt die Pflanze nicht ab, sie behält ihre grünen Blätter solange, bis das Wasser gefriert.

Blüten
Die kleinen, weissen Blüten stehen in dichtgeschlossenen Trauben und bilden abstehende, leicht geschweifte Schötchen.

Stengel
Hohl, kantig und senkrecht aufsteigend.

Blütezeit
Juni bis September.

Sammelzeit
Die frische, ganze Pflanze von Februar bis April bis zur Blütezeit. Nachher dürfen nur noch die einzelnen Blätter gesammelt werden.

Standort
Liebt langsam fliessende, nur saubere Gewässer, gedeiht besonders bei Quellen, an Bächen und Teichen.

Inhaltsstoffe/Wirkstoffe
Senfölglykosid, ätherisches Öl, viel Vitamin C, Bitterstoff, Mineralien, Jod.

Wirkung/Verwendung
Es wird vor allem die frische Pflanze verwendet, denn durch Trocknung verliert sie viel von ihrer Kraft. In Form von Frischpflanzengerichten und -säften wirkt sie stoffwechselanregend, blutreinigend, harntreibend und antiskorbutisch (gegen Vitaminmangel) bei Frühjahrskuren, sie regt auch die Drüsen an. Bei zu grossem Verzehr von Brunnenkresse kann es zu einer Entzündung der Magenschleimhaut kommen. Während der Schwangerschaft sollte auf eine Kur mit Brunnenkresse verzichtet werden.

Küche
Für Salate und Frühlingsspeisen. Rezept: Wildkräutertortelloni (Seite 19), Brennesselquiche (Seite 22), Bunter Gemüsesalat (Seite 26), Kalbsfilet auf Brunnenkressepüree (Seite 46).

Erzählungen/Sagen
In der Antike wurden die persischen Soldaten mit Brunnenkresse ernährt. Dank der Kresse sollen sie den eiweissüberernährten Römern hoch überlegen gewesen sein.

Gänseblümchen

Margritli, Magdelieb, Marienblümchen, Masslieb, Müllerblümli, Osterblümli, Wieseli

Allgemeines
Das Gänseblümchen wächst überall in der Natur. Es ist ein ausdauerndes Kraut in Wiesen. Weniger geschätzt wird es von Hobbygärtnern, die ihren Rasen «rein» halten wollen. Seine Anspruchslosigkeit bezüglich Standort und Bodenbeschaffenheit und die allgemeine Widerstandskraft gaben den Ausschlag, aus der Mutterpflanze eine ganze Anzahl von Zierformen zu züchten.

Blüten
Als gelbes Körbchen einzeln auf 5 bis 10 cm langem Stiel, mit weissen, meist rötlich angefärbten Strahlenblüten, welche sich nachts und bei feuchtem Wetter schliessen.

Blätter
Grundständige Blattrosette, eiförmig, auf dem Kopf stehend, leicht gekerbt. Die Blätter haben einen leichten Nussgeschmack.

Stengel
Je nach Jahreszeit und Standort der Pflanze ist er kurz oder bis 20 cm lang, leicht behaart und trägt eine Blüte.

Blütezeit
April bis Oktober.

Sammelzeit
April bis September.

Standort
Stark verbreitet in Wiesen, im Rasen, auf Weiden, in niedrigen wie in höheren Lagen.

Inhaltsstoffe/Wirkstoffe
Saponine, ätherische Öle, Schleimstoffe, Gerb- und Farbstoffe.

Wirkung/Verwendung
Der Aufguss der Blüten hat eine zusammenziehende und entschleimende Wirkung bei Katarrh der Atemwege und erleichtert zudem das Abklingen des Hustens. Der Tee hilft auch bei Magen- und Darmkatarrh und beruhigt bei Durchfall. Äusserlich werden die Blüten für Umschläge und Bäder bei entzündlichen Hautprozessen, Blutergüssen, Geschwüren und Ausschlägen verwendet.

Küche
Blüten und Blätter für Suppen und Salate. Rezepte: Marinierter Frischlachs (Seite 20), Brennesselquiche (Seite 22), Bunter Gemüsesalat (Seite 26).

Erzählungen/Sagen
Mit den Blüten des Gänseblümchens wurde früher der Osterpokal geschmückt. Das Zupfen der Blütenblättchen verrät, wie es um die Liebe der Verehrten/des Verehrten bestellt ist: sie/er liebt mich… sie/er liebt mich nicht…

Geissfuss/Baumtropfen

Giersch, Podagramskraut, Zipperleinkraut, Hersch, Jesche, Hasenscharteln, Wuchkraut, Ziegenkraut, Gichtkraut

Allgemeines
Das Baumtropfenkraut fehlt in fast keinem alten Arzneibuch. Und dennoch hat es in der Volksmedizin stark an Bedeutung verloren. Trotz verschiedenen Untersuchungen ist es nicht gelungen, einen Wirkstoff nachzuweisen, der den Namen Gichtkraut rechtfertigen würde. Heilungen oder mindestens Besserungen von vielen alten Leiden sind aber bekannt. In einer Schweizer Stadt lebte ein sehr weltoffener Kapuziner-Pater, welcher oft von Heilungssuchenden aufgesucht wurde und wegen seiner guten Ratschläge in einem grossen Umkreis sehr geachtet war. Sein Einheitsrezept war der Baumtropfentee, wie er ihn nannte. Trotz der vielen Heilerfolge, die er damit erzielt hatte, geriet die Heilpflanze nach seinem Tode in Vergessenheit. Heute ist der Geissfuss bloss noch ein Ärgernis vieler Hobbygärtner. Wenn er in einem Garten «heimisch» ist, lässt er sich nur schwer ausrotten. Was bleibt, ist die möglichst häufige Verwendung schon der jüngsten Blätter für feine und gesunde Zubereitungen in der Küche. Und plötzlich schlägt der Ärger in Freude um über ihr Gedeihen im eigenen Garten.

Blüten
Langgestielte, flache Blütendolden, ohne Hüllblätter, mit kleinen, weissen Blüten.

Blätter
Die unteren Blätter sind 9zählig, gross und glänzend, mit eiförmigen, ungleich gesägten Blättchen. In der Hand zerrieben, riechen sie etwas unangenehm scharf.

Stengel
30 bis 90 cm hoch, glatt, hohl und kantig gefurcht.

Wurzel
Tief in den Boden dringender Wurzelstock mit vielen schnurähnlichen Ausläufern.

Blütezeit
Mai bis Setember.

Sammelzeit
Junge Blätter für die Küche vor der Blütezeit, ganzes Kraut für Heilzwecke bei Blütenbeginn.

Standort
Waldränder, Ufergebüsch, an schattigen Heckenplätzen und meist unerwünscht in Gärten.

Inhaltsstoffe/Wirkstoffe
Ätherisches Öl. Der Wirkstoff dieser Pflanze ist noch nicht erforscht.

Wirkung/Verwendung
Die lateinische Bezeichnung «Podagra» lässt den Schluss zu, dass die Pflanze gegen Podara (Gicht des Grosszehen-Grundgelenkes), und zwar vor allem für Umschläge, verwendet wurde. Sie ist auch in Rheumatee-Mischungen enthalten.

Küche
Die jungen Blätter für Suppen, Salate und Wildgemüse. Rezepte: Wildkräutertortelloni (Seite 19), Gefüllter Geldbeutel mit Wildgemüse (Seite 48).

Gundelrebe

Gundermann, Erdefeu, Blauhuder, Donnerrebe, Huderich, Gundram

Allgemeines
Niederliegende, 5 bis 20 cm hohe, ausdauernde Pflanze, meist ein ungeliebtes Wildkraut. Die Gundelrebe hat einen vierkantigen Stengel, ist leicht behaart und riecht eigentümlich aromatisch.

Blüten
Bläuliche Blüten mit flacher Oberlippe und dreiteiliger Unterlippe, die aus den Blattachseln wachsen.

Blätter
Gegenständig, nieren- bis herzförmig, gestielt, mit stumpf gesägtem Blattrand.

Stengel
Auf der Erde niederliegend, treibt kleine Würzelchen.

Wurzel
Kriechender, wurzeltreibender Wurzelstock.

Blütezeit
März bis Juni.

Sammelzeit
Das ganze, ungezieferfreie, blühende Kraut im Mai, die jungen Blätter für die Küche im April bis Mai.

Standort
In ganz Mitteleuropa in Wiesen, zwischen den Zäunen, in Gebüschen, auf Schuttplätzen, Rainen, an Mauern und Wegen.

Inhaltsstoffe/Wirkstoffe
Gerbstoffe, Bitterstoffe, ätherisches Öl, Glechomin, Harze, Mineralstoffe.

Wirkung/Verwendung
Als Aufguss oder der gepresste Saft bei Lungenkatarrh, Bronchialreizungen, chronischem Husten. Ein gut wirkendes Verdauungsmittel bei gestörter Absonderung der Verdauungssäfte, bei zu schwacher Menstruationsblutung.

Küche
Für Salate und Frühlingskräutersuppen. Rezepte: Kartoffelrahmsuppe (Seite 15), Wildsalat mit Hopfensprossen (Seite 29).

Sagen
In den blauen Blüten sah man die Farbe des Blitzes, daher wurde diese Pflanze dem Gott Donar geweiht. Die Gundelrebe schützte vor Zauber und Gewitter, wenn man am Walpurgistag einen geflochtenen Kranz dieser Pflanze aufhängte. Gundelrebe, zusammen mit Wasserlinsen und Salz im Kuhstall ausgestreut, bewirkt, dass das Vieh mehr Milch gibt.

Hagebutte

Hundsrose, Hagrose, wilde Rose, Buttle, Hainbutte, Dornapfel, Heckenrose, Butterfässlein

Allgemeines

Ohne zu wissen, dass es sich bei der Hagebutte um eine Heilpflanze handelt, kennen die meisten Leute die Hundsrose als Zierstrauch. Die eigentliche Hagebutte ist die auffallend leuchtende Scheinfrucht verschiedener, wunderschöner, wilder Rosengewächse. Der Name Hagebutte ist gar nicht so alt. Die Bezeichnung Hundsrose finden wir hingegen schon in Kräuterbüchern aus dem 17. Jahrhundert. Zur Gewinnung von Hagebutte (Frucht und Kerne) eignen sich fast alle hier vorkommenden Wildrosen. Die grossen, runden Früchte der ebenfalls stark verbreiteten, meist als Zierstrauch angepflanzten Kartoffelrose (Rosa rugosa) können zu einem feinen Mus verarbeitet werden. Bei der wildwachsenden Hundsrose handelt es sich um einen dornigen, 1 bis 5 m grossen Busch mit oft überhängenden Zweigen. Die roten, fruchtähnlich aussehenden Hagebutten sind Scheinfrüchte. Die darin enthaltenen Kerne sind die eigentlichen Früchte.

Blüten

Rosa, hellrosa bis weiss, mit 5 Kronblättern.

Blätter

Unpaarig gefiedert, mit gezähntem Blattrand.

Früchte

Feuerrot, süsses, würziges Fruchtfleisch. Die eingebetteten Samen haben feine Stachelhaare.

Stengel

Dicht mit behaarten Stacheln besetzt, im Volksmund Dornen genannt.

Blütezeit

Juni bis Juli.

Sammelzeit

Die Früchte im Herbst nach ihrer Reife. Bei Verwendung für Tee werden vor allem die Hagebutten mit dem harten Fruchtfleisch gesammelt, zerkleinert und an einem luftigen Ort getrocknet. Bei feuchtem Herbstwetter ist der Warmluft-Backofen oder der Dörrapparat ein idealer Trocknungsort.

Standort

Sehr häufig an Waldrändern, in Gebüschhecken und an Wegrändern.

Inhaltsstoffe/Wirkstoffe

Eine der bedeutendsten Vitamin C-haltigen Pflanzen. Es gibt den Früchten den angenehmen, säuerlichen Geschmack. Weitere Inhaltsstoffe: Verschiedene Vitamine, organische Säuren, Zucker, Schleimstoffe, ätherisches Öl, Karotin.

Wirkung/Verwendung

Aus den getrockneten Früchten lässt sich ein herrlicher, durststillender Erfrischungstee herstellen (noch kräftiger mit einem «Schuss» Rotwein). Der kalt aufgesetzte und dann kurz aufgekochte Tee hat eine harntreibende und blutreinigende Wirkung bei Nieren- und Blasenleiden.

Küche

Die weichschaligen Früchte ergeben ein herrlich aromatisches Mus und eine feine Marmelade/Konfitüre. Rezepte: Rosenblütenessig (Seiten 24/29), Rosenblütensorbet (Seite 70), Feine Pfannkuchen mit Hagebuttenfüllung (Seite 82).

Haselnuss

Hasel, Haselstrauch

Allgemeines
Ein bis 5m hoher Strauch mit rötlich-grauen bis braunen, elastischen Ästen, am Stamm mit deutlich langen Wülsten. Die Hasel ist einhäusig, d.h. die weiblichen und die männlichen Blüten sind getrennt auf derselben Pflanze. Die weiblichen Blüten spriessen als unscheinbare, kleine, rote Griffel aus den Knospen, die männlichen Blüten bilden die pollentragenden, 4 bis 5cm langen Kätzchen. Bei starkem Wind oder wenn der Busch kräftig geschüttelt wird, bildet sich eine gelbe Wolke von Blütenpollen, welche die weiblichen Blüten bestäubt. Das Haselnussholz ist weich und zäh. Die jungen Triebe werden deshalb gerne zum Flechten von Körben verwendet, das Holz der jungen Stämme für Tischler-Arbeiten.

Blüten
Die männlichen Blüten sind schon im Winter als kleine Kätzchen sichtbar, die weiblichen überwintern in den verschlossenen Knospen, und erst im Frühjahr werden die roten Narben sichtbar.

Früchte
Rundliche oder längliche, hartschalige Nuss, manchmal bis zu viert zusammengebündelt in glockenförmigen Fruchthüllen.

Blätter
Oval, rundlich bis herzförmig, doppelt gezähnt. Ober- und Unterseite weich behaart.

Blütezeit
Februar bis April.

Sammelzeit
Blätter Mai bis August. Nüsse September bis Oktober.

Standort
Waldränder, Gebüsche, Hecken.

Inhaltsstoffe/Wirkstoffe
Die Blätter enthalten ätherisches Öl, Glukoside und Zucker, die Nüsse fettes Öl, Eiweiss, Zucker und Vitamine.

Wirkung/Verwendung
Der Aufguss der Blätter wirkt harntreibend. Er eignet sich als Bademittel bei Hämorrhoiden und für Waschungen bei eitrigen Wunden.

Küche
Für Kleingebäck, Kuchen, Süssspeisen, Müeslis. Rezept: Gefüllter Haselnusszander (Seite 40), Wildkaninchenrücken an Holundersauce mit Haselnüssen (Seite 60), Haselnussvacherin (Seite 81).

Erzählungen/Sagen
Das Holz hat eine ganz besondere Kraft. So darf man die Kinder nicht mit einer Haselrute züchtigen, sonst verlieren sie ihren aufrechten Wuchs. – Bei Rachegelüsten schneidet man am Sonntag vor Sonnenaufgang einen einjährigen Haselzweig und sagt dazu den Namen des Kontrahenten. Den Zweig legt man zu Hause auf einen Eichentisch und zerhackt ihn, was dem aus Distanz Gezüchtigten schlecht bekommen soll. – Die merkwürdigste Verwendung der Hasel ist wahrscheinlich diejenige als Wünschelrute. Noch heute dient der Haselzweig zum Aufspüren von verborgenen Quellen und Wasserläufen. Man nimmt dazu eine junge, einjährige Rute, da diese empfindlicher ist als ältere Triebe.

Heidelbeere

Heiti, Blaubeere, Heubeeri, Bickbeere, Krackbeere, Krähenauge, Worbeln

Allgemeines
Sie ist eine der wenigen Beerenstauden unserer Berge, die essbare Früchte tragen. Die Heidelbeere gehört zur Familie der Erikagewächse. Dieser teilweise verholzte, verästelte Zwergstrauch wird oft über 30 Jahre alt und erreicht bei uns eine Höhe bis zu 50 cm. Die nordamerikanische Art wird sogar noch höher und liefert die sehr grossen, als «Blueberry» bekannten, Heidelbeeren. Aus der frischen Beere wird ein gutes Hausmittel hergestellt, der Heidelbeerwein, ein natürlicher, mineralstoffreicher Kraftspender. Ein Konzentrat aus Heidelbeeren gilt bei Sportlern als Stärkungsmittel und Energiespender.

Blüten
Glockenförmig, kurz gestielt, hängend und von weisslich-grüner bis rötlicher Farbe.

Blätter
Sie sind kurzgestielt, zirka 1 cm lang, länglich elliptisch zugespitzt und am Rande fein gesägt. Im Sommer sind sie grün, im Herbst färben sie sich rotbraun und fallen ab.

Frucht
Aus der Mitte entwickelt sich eine dunkelblaue, erbsengrosse, saftige Frucht, die süss und gleichzeitig säuerlich schmeckt. Sie ist beliebt als Nahrungs- und Genussmittel.

Blütezeit
Mai bis Juli.

Sammelzeit
Die reifen Beeren von Juni bis September, die Blätter im Frühsommer.

Standort
In Mitteleuropa bevorzugt diese von vielen geliebte Pflanze leicht sauren, nährstoffarmen Boden. Sie ist in Laub- und Nadelwäldern in Höhen von 1000 bis 2800 m ü.M. oft in ausgedehnten Beständen anzutreffen. In Nordeuropa, Nordamerika sowie Kanada wächst die Heidelbeere ebenfalls in grossen Beständen in Heidelandschaften und lichten Wäldern.

Inhaltsstoffe/Wirkstoffe
Gerbstoffe, Fruchtsäuren, Zucker, Vitamine, Mineralsalze.

Wirkung/Verwendung
Die frischen Beeren wirken leicht abführend, die getrockneten dagegen, 3 bis 4 Mal täglich 1 Teelöffel gut gekaut eingenommen, wirken ausgezeichnet gegen Durchfall. Da die wirksamen Gerbstoffe erst im Darm frei werden, wird der Magen nicht belastet. Ein Teeaufguss der Blätter gilt als bekanntes Volksheilmittel für Diabetiker, besonders gegen «Alterszucker». Ergänzend können hier noch Bohnenschalen, Brennesselblätter und Maulbeerblätter beigemischt werden.

Küche
Für Marmeladen/Konfitüren und Süssspeisen. Rezepte: Sorbet (Seite 72), Gestürzte Schaumköpfchen mit Waldbeeren (Seite 78), Wildbeeren terrine (Seite 88).

Guter Heinrich

Wilder Spinat, Mehlspinat, Gänsefuss

Allgemeines
Diese immergrüne Pflanze ist die Mutterpflanze unseres Gartenspinates. Sie wächst an denen von ihr bevorzugten Stellen sehr gesellig und sieht aus, als sei sie mit Mehl bestäubt. Es gibt viele sich gleichende Gänsefussarten, jedoch ist der Gute Heinrich die einzige Pflanze, die geniessbar ist. Alle anderen riechen oder schmecken unangenehm.

Blüten
Zahlreiche, kleine, weisslich-grüne Blüten gehen als büschelige Ähren aus der Spitze des Stengels und aus dem oberen Blattwinkel hervor. Zusammen bilden sie eine schmale, endständige Rispe.

Blätter
Die dunkelgrünen, langgestielten, dreieckigen Blätter fühlen sich auf der Blattspreite etwas klebrig an. Die unteren Blätter sind bis 15 cm lang, nach oben hin werden sie immer kleiner.

Stengel
Der meist aufrechte, kräftige Stengel wird 15 bis 60 cm hoch, ist meist unverzweigt und hat kurze Haare.

Blütezeit
Mai bis September.

Sammelzeit
Die jungen Blätter und Sprossen ab April vor der Blüte. Beim Sammeln prüft man durch Zerreiben der Blätter Geruch und Geschmack, um Verwechslungen mit anderen Gänsefussarten auszuschliessen.

Standort
Der Gute Heinrich liebt stickstoff- und salzhaltigen Boden und gedeiht gut in höheren Lagen. Man findet diese Pflanze darum meist um Misthaufen bei Alphütten, auf Schutthalden, an Wegen, Strassen und Zäunen.

Inhaltsstoffe/Wirkstoffe
Die Blätter sind chlorophyllhaltig, enthalten Eisen, Provitamin A und verschiedene Mineralsalze.

Wirkung/Verwendung
Als Heilpflanze nicht verwendet.

Küche
Die jungen Blätter und Stengelspitzen für Suppen, Salate und Gemüsemischungen. Gut geeignet in Kombination mit Brennesseln und Spinat. Rezept: Wildkräutertortelloni (Seite 19), Gefüllter Geldbeutel mit Wildgemüse (Seite 48).

Erzählungen/Sagen
Die Blätter des Guten Heinrichs sehen aus wie die Füsse der Gänse (Gänsefussgewächse). Man bringt sie deshalb mit den Kobolden in Verbindung, weil diese ebenfalls Gänsefüsse haben. Daher auch der Name «Guter Heinrich», weil Kobolde meistens Heinrich oder Heinz hiessen. In späteren Zeiten wurde die Bezeichnung auf den Teufel (Grauheinrich) übertragen, und noch später wurde aus dem Gänsefuss ein Hexenkraut, welches gegen Aussatz wirken sollte.

Schwarzer Holunder

Holder, Holler, Elhorn, Flieder, Keilkum, Schebike, Schotschke, Zibke

Allgemeines
Der Holunder spielt in der Volksheilkunde und im Volksglauben eine grosse Rolle, und man kennt ihn schon seit altersher. Bei den Germanen hiess er «Baum des Heils», denn er schützte vor Feuer und Seuchen, vor Verzauberung und allem Bösen. In Ungarn war der Holunderbusch derart geachtet, dass der Bauer, wenn er ihm begegnete, ehrfürchtig seinen Hut zog. Der Holunder wächst als Strauch oder Baum. Er kann bis 10 m hoch werden. Die Rinde der schnell und gerade in die Höhe wachsenden Äste ist hell, graubraun und warzig punktiert. Das Mark ist schneeweiss, sehr leicht und korkartig. Hier einige Tips aus Grossmutters Zeiten: Metallgeschirr mit Holunderblätter ausgerieben, rostet nicht und nimmt kein Gift an. Tische, Stühle und andere Geräte aus Holz mit Holunderblätter-Absud gewaschen, werden nie wurmstichig.

Blüten
Gelblich-weiss, in Trugdolden stehend, stark aromatisch duftend.

Früchte
Dunkelviolette, kugelige Beeren, schmecken eigenartig, süss, schleimig.

Blätter
Länglich-eiförmig, unpaarig gefiedert, mit 5 bis 7 Teilblättchen.

Blütezeit
Juni bis August.

Sammelzeit
Die Blüten im Juni, die Früchte im August bis September.

Standort
In Europa, Asien und Nordafrika allgemein verbreitet in Hecken, Gebüschen, im Unterholz, in Laubwäldern, auf Schuttplätzen und auch in der Nähe menschlicher Behausungen. Der Holunder ist sehr wählerisch punkto Standort. Pflanzt man ihn an einem Ort, der ihm nicht behagt, so gedeiht er nicht. Der wildwachsende Strauch ist jedoch im Wachstum kaum zu bremsen.

Inhaltsstoffe/Wirkstoffe
Die Blüten enthalten ätherisches Öl, Schleim, Zucker, verschiedene schweisstreibende Glykoside und organische Säuren. In den Beeren sind organische Säuren, Farbstoffe, Aminosäuren, Rutin, Vitamin C, Gerbstoff und Zucker enthalten.

Wirkung/Verwendung
Der Blütenaufguss unterstützt das Schwitzen bei Grippe, Fieber und Katarrh der Atemwege. Der aus den frischen Früchten hergestellte Holundersirup ist ein bekanntes Hustenmittel.

Küche
Verwendet werden die frischen Blüten für Limonaden und für «Holunderküchlein», ein beliebtes und sehr aromatisches Dessert. Die frisch gepflückten Beeren werden zu Mus, Konfitüren/Marmeladen und Gelees verarbeitet. Rezepte: Rehkitzkeule (Seite 53), Wildbeer-Chutney (Seite 53), Wildkaninchenrücken (Seite 60), Holunderblütensekt (Seite 66), Sirup, Likör und Sorbet aus Beeren (Seite 73), Sorbet und Sirup aus Blüten (Seite 77).

Hopfen

Hoppen, Hupfe, Nesselhopfen, Buschhopfen, Heckenhopfen

Allgemeines
Ausdauernde, strauchige Schlingpflanze, welche zeitig im Frühjahr ihre Sprossen treibt, die zu mehreren Meter langen, schlingenden Stengeln wachsen. Im Spätherbst und Winter stirbt der ganze oberirdische Pflanzenteil ab. Der Hopfen ist zweihäusig, d.h. die männlichen und weiblichen Blüten wachsen auf getrennten Pflanzen.

Blüten
Die männlichen Staubblüten sind gelbgrün, reichblütig und wachsen aus den Blattachseln heraus, die weiblichen Stempelblüten sind dickblütig und langgestielt. Auf der Innenseite der Blüten sind kleine, rötlichgelb gefärbte Drüsen, die den typischen Hopfenbitterstoff enthalten.

Blätter
Gegenständig, handförmig, gelappt. Sie sehen den Weinrebenblättern ähnlich. Der Blattrand ist jedoch gesägt.

Früchte
Nur die weiblichen Pflanzen bilden zapfenartige Scheinähren. Sie sehen aus wie Kieferzapfen, riechen würzig und haben einen bitteren Geschmack.

Stengel
Ein 2 bis 3m langer, rauh behaarter, kantiger Stengel windet sich in die Höhe, indem er bei Nachbarpflanzen Halt sucht.

Wurzel
Tiefe Wurzeln mit verzweigtem Wurzelstock, welcher Ausläufer bildet und im Frühjahr die dünnen, rauhen Sprossen hervorbringt, deren oberste Knospe dem Spargel ähnlich ist.

Blütezeit
Juli bis September.

Sammelzeit
Für Heilzwecke und für die Bierbrauerei werden die Zapfen im August bis September gesammelt, die jungen Sprossen für die Küche, sobald sie zirka 10 bis 15mm gross sind, d.h. März bis April.

Standort
Der Hopfen kommt wildwachsend noch relativ häufig im ganzen mitteleuropäischen Raum vor an Waldrändern, im Ufergebüsch, in Hecken und Zäunen. Nur die weiblichen Pflanzen werden angebaut, vor allem im Raum Bayern.

Inhaltsstoffe/Wirkstoffe
Bitterstoffe, Harz, ätherisches Öl, Humulon (ein bitteres, würziges Alkaloid, welches dem Bier den typischen Geschmack gibt).

Wirkung/Verwendung
Beruhigende Wirkung auf das Nervensystem. Tee aus Hopfen hilft bei Gereiztheit, Schlafstörungen und bei überhöhter Potenz. Die Bitterstoffe wirken appetitanregend und regeln die Verdauung. Hauptsächliche Verwendung findet der Hopfen als Bitterwürze in der Bierbrauerei.

Küche
Die jungen Sprossenspitzen gemischt mit anderen Wildkräutern oder Gartengemüse für Salate und Gemüse oder zubereitet wie Spargeln. Rezept: Wildsalat mit Hopfensprossen (Seite 29).

Kapuzinerkresse

Kapuzinerli

Allgemeines
Diese Pflanze stammt aus Südamerika und wurde im 17. Jahrhundert nach Europa gebracht, wo sie anfänglich nur als Zierpflanze in Gärten gezogen wurde. Erst viel später wurde man auf ihre Heilkräfte aufmerksam. Verwendet werden vor allem die getrockneten Samen zur Herstellung von Arzneiprodukten gegen Entzündungen. Aus den frischen Blättern, Blüten und Samen wird ein Saft hergestellt, der eine desinfizierende Wirkung bei Entzündungen der Harnwege hat. Die Kapuzinerkresse ist ein einjähriges Kraut mit flachliegendem Stengel, der über 1 m lang werden kann.

Blüten
Grosse, orange oder gelbe, langstielige Blüten mit einem auffallenden Sporn. Die Blüten wachsen aus den Blattachsen heraus.

Früchte
Dreiteilige Kapsel mit höckerigen Samen.

Blätter
Langgestielt, rundlich-schildförmig, von stark kresseartigem Geschmack.

Blütezeit
Juni bis Oktober.

Sammelzeit
Die frischen Blüten und Blätter das ganze Jahr. Die noch grünen Samen für die Küche. Die reifen, trockenen Samen für Heilzwecke.

Standort
Wird meistens in Hausgärten gezogen.

Inhaltsstoffe/Wirkstoffe
Senfölglykosid. Die Samen enthalten ein pflanzliches Antibiotikum.

Wirkung/Verwendung
Als Tee nicht verwendet, jedoch als Arzneipräparat bei Harnweg-Entzündungen, grippalen Infekten und als Wachstumshemmer zahlreicher krankmachender Bakterien.

Küche
Blüten und Blätter für Salate, die Knospen im Essig gekocht als Kapern-Ersatz. Rezepte: Carpaccio vom Sommerreh mit Kräutern und Kapuzinerkresse (Seite 36).

Kleiner Tip
Im Sporn der Blüte sammeln sich gerne kleinste Insekten. Es empfiehlt sich daher, beim Verzehr der Blüten den Sporn aufzuschneiden.

Kohldistel

Wiesenkohl

Allgemeines

Von den vielen Distelarten ist die Kohldistel wahrscheinlich die am wenigsten beachtete. Diese bescheidene Pflanze hat keine farbig leuchtenden Blüten wie ihre Artgenossinnen. Ihre grossen Blätter sind mit Stacheln besetzt, welche aber beim Anfassen kaum stechen. Eine heilende Wirkung ist auch nicht bekannt. Und trotzdem sollten wir uns dieser Pflanze annehmen. Bei näherer Betrachtung fallen dem Naturfreund die fast verschämt in Hüllblättern versteckten Blütenköpfchen auf, ebenso die linden- bis dunkelgrünen, grossen Blätter und die stattliche Höhe von rund 1,5 m. Die grosse Kohldistel wird einem beim Anblick immer symphatischer, und wenn wir sie zusammen mit anderen frisch gepflückten Wildblumen zu einem Strauss binden, so kann man der Pflanze eine gewisse Eleganz nicht absprechen.

Blüten

Gelbgrüne Blütenköpfe, von sogenannten Hochblättern so fest umschlossen, dass sie kaum sichtbar sind.

Blätter

Die unteren Blätter weit ausladend, zum Teil fiederteilig, mit weichen Stacheln besetzt. Die jungen Blätter sind zartgrün.

Stengel

50 bis 150 cm grosser, aufrechter Stengel, oben meist verzweigt.

Blütezeit

Juni bis September.

Sammelzeit

Die jungen, zarten Blätter vor der Blüte, die Wurzel im Herbst.

Standort

Sie liebt feuchte Böden und wächst sehr gesellig an Bachläufen, in Gräben und auf feuchten Wiesen, in tiefen Lagen wie in Berggegenden.

Inhaltsstoffe/Wirkstoffe

Gerbstoff. Weitere Inhaltsstoffe sind noch nicht bekannt.

Küche

Die jungen Blätter und Triebe für Wildgemüse und als Spinat-Zusatz. Die Wurzeln, fein geschnitten, ebenfalls für Wildgemüsegerichte. Rezept: Gefüllter Geldbeutel mit Wildgemüse (Seite 48).

Kornelkirsche

Tierlibaum, Judenkirsche, Erlitzbaum

Allgemeines
Als Baum oder Strauch wird dieser Frühblüher bis 6m hoch, hat eine schuppig abblätternde Rinde und gehört zu den Hartriegelgewächsen. Schon sehr früh, kaum ist der letzte Schnee geschmolzen, zeigen sich die kleinen, goldstrahlenden Doldenblüten. Dem Naturbeobachter fällt auf, dass sich diese Pflanze nicht an die natürliche Folge von Blätter-Blüte-Frucht hält. Die alten Botaniker sprachen hier vom «Sohn vor dem Vater.» In Süd- und Westdeutschland wuchs der Strauch wild, wurde aber in Klostergärten wegen des harten und zähen Holzes und der saftigen, nicht unangenehm schmeckenden Früchte angebaut. Die hl. Hildegard empfahl eine Abkochung aus Rinde, Holz und Blätter bei Gicht, die frischen Früchte zur Reinigung und Kräftigung des Magens. Die alten Heilpriester haben es verstanden, durch Gärung des süss-säuerlichen Fruchtfleisches ein leicht berauschendes, schmerzstillendes Getränk herzustellen. Das Holz der Kornelkirsche ist derart zäh und elastisch, dass es zum bevorzugten Material für Wanderstöcke wurde.

Blüten
Klein, kugelig, gelb leuchtend; winzige Dolden.

Früchte
Länglich, eiförmig, bis 2cm lang. Die kirschroten Steinfrüchte haben einen süss-säuerlichen, zusammenziehenden Geschmack. Nach der Vollreife und vor allem, wenn die ersten Nachtfröste ins Land gezogen sind, verliert sich der herbe Geschmack, und die Früchte sind von einem wohlschmeckenden Aroma.

Blätter
Gegenständig, eiförmig, mit deutlich sichtbarer Nervatur. Im Herbst färben sie sich in den schönsten roten Farben.

Blütezeit
Februar bis April, sobald die Sonne ihre wärmenden Strahlen aussendet.

Sammelzeit
Die tiefroten Früchte im Spätherbst. Wenn sie nach den ersten Nachtfrösten vom Strauch oder Baum fallen, kommt ihr Aroma am besten zur Geltung. Unreife Früchte sind kein Genuss.

Standort
In Hecken und lichten Wäldern, meist als Zierstrauch in Gärten und Parkanlagen.

Inhaltsstoffe/Wirkstoffe
Vitamin C, organische Säuren, Pektin.

Wirkung/Verwendung
Die frischen Früchte sind verdauungsfördernd und entzündungshemmend. Der gepresste Saft dient zur Erfrischung und als Stärkungsmittel.

Küche
Schmackhaftes Kompott, köstlich aromatische, leuchtendrote Marmelade/Konfitüre. Mit Zucker und Essig gekocht als Beilage zu Wildgerichten. Aus dem Saft lassen sich Gelee und Marmeladen herstellen. Rezepte: Wildentenbrust mit Kornelkirschen (Seite 58), Sanddornmousse mit Wildfrüchten (Seite 84), Wildbeerenkompott (Seite 87), Wildbeerenterrine (Seite 88).

Kümmel

Feldkümmel, Mattenkümmel, Kumach, Karbe, Karweil, Kümmich

Allgemeines

Der Kümmel gehört wohl zu den beliebtesten und meistgebrauchten einheimischen Gewürzen. Er passt zu Käse, Gemüse oder Wurst und gibt auch Suppen, Brot und anderen Gebäcken sein typisches Aroma. Er gehört zu den bekannten vier erwärmenden Samen: Kümmel, Anis, Fenchel und Koriander. In Form von Tee getrunken sind sie äusserst heilsam und wirken gut bei Magen- und Darmbeschwerden. In einem alten Kräuterbuch kann man lesen: «Der Wiesenkümmel tut dem Magen gut, macht, dass er das Essen besser verdaue, vertreibt Blähungen und Winde, schafft einen guten Atem, treibt den Harn und ist zu gebrauchen wie Anis.» Als zweijährige Pflanze bildet sich zuerst die Wurzel mit der Grundrosette, und erst im zweiten Jahr wächst ein bis 1 m hoher, kantiger Stengel mit zart gefiederten Blättern.

Blüten

Kleine, weisse Dolden, im Gebirge oftmals rosafarben.

Früchte

Aus den kleinen Blüten reifen die rund 5 mm langen, braungestreiften Spaltfrüchte. Diese Samen haben einen angenehmen, starken und eigentümlich würzigen Geschmack.

Blätter

Doppelt fiederteilig, mit fiederspaltigen Blatthaaren.

Stengel

Aufrecht, verästelt, kantig-gefurcht, 60 bis 100 cm hoch.

Blütezeit

Mai bis Juni.

Sammelzeit

Juli bis August.

Standort

In fast ganz Europa, besonders auf mageren, ungedüngten Bergwiesen. In vielen Ländern wird Kümmel angebaut, vor allem in Holland und Polen.

Inhaltsstoffe/Wirkstoffe

Ätherisches Öl (Carvon), Gerbstoff, Harz, fettes Öl.

Wirkung/Verwendung

Als Teeaufguss schätzt man vor allem seine verdauungsfördernde Wirkung, aber auch bei Blähungen, Magenkoliken, bei Appetitmangel und als milchbildendes Mittel bei stillenden Müttern tut er seine guten Dienste. Kümmelauflagen helfen bei Kopf- und Zahnschmerzen, bei Ohrenweh und Rheuma. Hierzu wird der Kümmel zerstossen, mit erwärmtem Rotwein besprengt, in ein Leinensäcklein eingefüllt und aufgelegt.

Küche

Als Gewürz, zur Herstellung von Kümmelbranntwein. Blätter und Wurzeln sind ebenfalls essbar. Vor allem die Wurzeln ergeben ein herrlich aromatisches Gemüse, wenn sie wie gelbe Rüben gekocht werden. Rezepte: Brennesselquiche (Seite 22), Kümmelravioli mit Bärlauchfüllung (Seite 32).

Löwenzahn

Pfaffenröhrlein, Kuhblume, Chrottebösche, Pusteblume, Kettenblume, Saublume, Milchblume

Allgemeines
Der Löwenzahn begleitet uns das ganze Jahr. Schon früh im Frühling pflücken wir die jungen Blätter für Salate. Ihre Blütenpracht ist so üppig, dass sie gleich einem Teppich ganze Wiesen überziehen. Die gelben Blüten sind nicht nur für die Bienen eine willkommene Nahrung, auch wir gewinnen daraus einen feinen Blütenhonig. Die Kinder spielen mit den hohlen Blütenstengeln, sie stecken sie zusammen zu dünnen Wasserleitungen. Der Wind, aber auch die Kinder haben an der verblühten Pflanze ihre helle Freude: die mit kleinen Fallschirmchen ausgerüsteten Samen sind so leicht, dass sie sich in die Luft pusten lassen. In der dicken, fleischigen Wurzel, aber auch in den Blättern und im Stengel ist ein bitterer, weisser Milchsaft.

Blüten
Einzeln auf dem endständigen Stengel, aus vielen gelben Zungenblüten zusammengesetzt. Die ganze Blüte schliesst sich abends und bei trübem Wetter. Nach der Blüte erscheint ein kugeliger Pappus. Die Früchte (Samen) haben kleine, feine Härchen, die durch den Wind verbreitet werden.

Blätter
Die länglichen, lanzettförmigen Blätter bilden eine Bodenrosette, die sich im hohen Gras aufrichtet.

Stengel
Hoher, langer und einzeln aus der Mitte der Blattrosette aufsteigender Stengel.

Blütezeit
April bis Mai, vereinzelt noch im Herbst.

Sammelzeit
Die jungen, frischen Blätter für Salate kurz nach der Schneeschmelze, das Kraut vor der Blüte, die Wurzel im Spätherbst.

Standort
Wiesen, Wegränder, Böschungen, im Garten meist als unbeliebtes und fast nicht ausrottbares Wildkraut.

Inhaltsstoffe/Wirkstoffe
Bitterstoff, Gerbstoff, Inusit, Inulin, Harz, organische Säuren, hoher Kaliumgehalt.

Wirkung/Verwendung
Blätter und Wurzeln als Aufguss steigern die Sekretion der Verdauungsdrüsen, helfen bei Leberbeschwerden und Gastritis, wirken harntreibend, fördern den Gallenfluss. Der Salat von jungen Blättern wirkt blutreinigend.

Küche
Blüten für Honig oder Likör, Blätter für Salate, Wurzel und Stengel für Gemüse. Die jungen, noch harten Blütenknospen in Essig eingelegt als Kapernersatz (Seite 20). Rezepte: Wildkräutertortelloni (Seite 19), Brennesselquiche (Seite 22), Zartes Filet an Löwenzahnblütenhonigsauce (Seite 50), Halbgefrorenes aus Löwenzahnblütenhonig (Seite 67).

Wilder Majoran

Wohlgemut, Dosten, Badkraut, grober Kostens, Frauendost

Allgemeines
Der Dost ist ein ausdauerndes, sehr aromatisches und angenehm riechendes Kraut aus der grossen Pflanzenfamilie der Lippenblütler. Die Kraft, die diese häufig anzutreffende Heilpflanze besitzt, wurde schon in ganz frühen Zeiten genutzt. So stösst man denn in alten Kräuterbüchern auf eine Vielzahl von Rezepten: Ein wundersamer Trank gegen alle Insektengifte ist in Wein gekochter Dost; zur Ausscheidung von schädlichen Stoffen hilft eine Zubereitung von Dostpulver in Honigwasser; gegen Magen- und Darmbeschwerden wird Dost mit Feigen gekocht, wobei noch einige Fenchelsamen zugefügt werden; gegen juckende Ausschläge werden Bäder mit einer Dostabkochung empfohlen. Auch heute wird Dost als Heilpflanze in der Küche verwendet. Ein ebenfalls viel verwendetes Kraut ist der sizilianische Oregano, vor allem als Pizzagewürz verwendet.

Blüten
Hell bis kräftig purpurrot, kurz gestielt, einzeln in den Achseln der purpurroten Tragblätter, eine fächerartige Rispe bildend.

Blätter
Kurz gestielt, gegenständig, ganzrandig oder schwach gezähnt, leicht behaart.

Stengel
Aufrecht, 20 bis 50 cm hoch, oben verzweigt.

Blütezeit
Juli bis September.

Sammelzeit
Ganzes Kraut von Juli bis August, die jungen Blätter für die Küche unmittelbar vor der Blütezeit.

Standort
Sonnige Hänge, Wegränder, Gebüsche, Trokkenwiesen, Schluchten.

Inhaltsstoffe/Wirkstoffe
Ätherische Öle, Terpene, Gerbstoff, Bitterstoff.

Wirkung/Verwendung
Der Aufguss wirkt krampflösend bei Krampfhusten, er ist magenstärkend und harntreibend. Äusserlich als Gurgelmittel bei Hals- und Rachenentzündungen.

Küche
Als Gewürz. Rezepte: Bunter Gemüsesalat (Seite 26), Carpaccio vom Sommerreh (Seite 36), Gefüllter Geldbeutel (Seite 48).

Erzählungen/Sagen
Dost hat den Ruf, Geister vertreiben zu können und eines der besten Mittel gegen Hexen und Gespenster zu sein. Wenn man sich in das Kraut legt, verschwinden alle Kobolde und das ganze Geistergesindel. Der volkstümliche Name «Wohlgemut» besagt, dass die Pflanze den Menschen wohl bekommt. Den Landleuten mischte man Dost unter das Essen, damit sie mit mehr Freude und Lust arbeiteten.

Ährige Rapunzel

Ährige Teufelskralle, Feldrapunzel

Allgemeines
Es gibt viele Pflanzen, die den Namen «Rapunzel» tragen: die rundköpfige, betonienblättrige, halbkugelige, Hallers-, Scheuchzers-Rapunzel. Sie alle gehören zur Familie der Glockenblumengewächse. Die Einzelblüten dieser ährigen oder kugeligen Blüte haben vor dem Aufblühen die Form einer gekrümmten Kralle, daher auch die Bezeichnung Teufelskralle. Dieser Pflanzenname gehört jedoch zu einer Heilpflanze, die in Sandwüsten Afrikas vorkommt und deren Fruchtkapseln mit kräftigen «Krallen» versehen sind.

Blüten
Weiss bis gelblich, die Einzelblüten dicht zusammengedrängt zu einer endständigen, zuerst eiförmigen, später zylindrischen Ähre.

Blätter
Die grundständigen Blätter sind herzförmig, langgestielt, so lang wie breit, der Blattrand ist unregelmässig, doppelt gezähnt, häufig mit schwarzen bis schwarz-violetten Flecken auf der Oberseite. Die Blätter am Stengel sind kleiner, die obersten ohne Blattstiel, lanzettliche Form.

Stengel
20 bis 70 cm hoch, aufrecht, unverzweigt.

Wurzel
Rübenförmig mit Verzweigungen, welche unterirdische Ausläufer treiben.

Blütezeit
Mai bis Juni.

Sammelzeit
Die geschlossenen, noch grünen Blütenknospen im April bis Mai, Blätter kurz vor dem Blühen im Mai bis Juni, die Wurzeln im Frühjahr vor dem Austrieb oder im Herbst.

Standort
In Laub- und Mischwäldern bis hinauf auf mittlere Berghöhen, auf Bergwiesen. Die Pflanze liebt lockeren, nährstoffreichen, etwas feuchten Boden.

Inhaltsstoffe/Wirkstoffe
Noch nicht erforscht.

Wirkung/Verwendung
Als Heilpflanze keine Verwendung.

Küche
Die geschlossenen Knospen für Salate, die Blätter zusammen mit anderen Wildpflanzen für Mischgemüse. Die Wurzeln ergeben ebenfalls ein feines, sehr delikates Gemüse. Sie werden ähnlich zubereitet wie Schwarzwurzeln. Rezepte: Rapunzelsalat mit Mohnbrötchen und Pfifferlingen (Seite 24), gefüllter Haselnusszander mit Rapunzelgemüse (Seite 40).

Erzählungen/Sagen
Im bekannten Kindermärchen «Rapunzel, Rapunzel, lass Dein Haar herunter», wird erzählt, wie die Mutter des Mädchens, das Rapunzel hiess, alles, was sie besass, hergab, sogar ihre eigene Tochter, nur um sich an diesem Rapunzel-Salat genüsslich zu erlaben.

Sanddorn

Seedorn, Silberstrauch, Pferdedorn, Fasanenbeere, Sandbeere, Stranddorn, Weidendorn

Allgemeines

Der Sanddorn ist zweihäusig, d. h. die weiblichen und männlichen Blüten sind nicht auf demselben Strauch. Er gehört zur Familie der Ölweidegewächse. Seine normale Höhe liegt zwischen 1 und 4 m. Im Frühjahr, lange nachdem die meisten anderen Pflanzen ihren Winterschlaf beendet haben, erwacht auch der Sanddorn zu neuem Leben. Der Strauch liebt sandigen Boden, und als Pionierpflanze besiedelt er zusammen mit der Schlehe und Hundsrose den kahlen Kies an Flussufern. Einerseits seine Schönheit, andererseits seine geringen Ansprüche an die Bodenbeschaffenheit machten ihn zu einem beliebten Zierstrauch. Im alten Griechenland fütterte man die Pferde mit Sanddorn, damit sie ein glänzendes Fell erhielten. Daher die Bezeichnung «Hippo» = Pferd, «phaos» = glänzend. Nach einer anderen Überlieferung wurden die Blätter bei Augenkrankheiten der Pferde verwendet, daher der Name Pferdedorn.

Blüten

Als erstes spriessen die unscheinbaren, rostfarbenen, weiblichen Blüten.

Früchte

Aus den Blütenböden der weiblichen Blüten entwickeln sich die leuchtend orangen Beeren. Diese gehören botanisch gesehen zu den Scheinfrüchten, sind leicht eiförmig und werden ca. 8 mm lang.

Blätter

Lanzettförmige, silbrig schimmernde, ganzrandige Blätter, die auf der Oberseite mattgrün und auf der Unterseite rot bis bräunlich gefärbt sind. Die dichten Schildhaare der Blätter schimmern silberweiss.

Stamm/Äste

Verholzte, sporige Äste mit vielen, spitzen Dornen.

Blütezeit

April bis Mai.

Sammelzeit

Die reifen Beeren bis in den Dezember, aber vor dem ersten Frost, da durch die Kälte das gute Aroma leidet.

Standort

In Mitteleuropa in den Alpen und in den Voralpen, teilweise bis an die Küste des Mittelmeeres. Der Sanddorn liebt steinige, sandige Flussufer, Kies- und Schuttplätze und vor allem sonnige, karge, oft auch windige Gegenden, wo er durch seine Wurzeln oft exponierte Hänge vor der Erosion schützt.

Inhaltsstoffe/Wirkstoffe

Die Sanddornbeere ist reich an Vitamin C. Sie enthält zudem das Provitamin A, die Vitamine B_1, B_2, B_6, E, organische Säuren, Calcium, Mannit, Bittersäure.

Wirkung/Verwendung

Als Stärkungsmittel und idealer Vitaminspender im Winter bei Erkältungskrankheiten und Grippe.

Küche

Konfitüren/Marmeladen, Gelee, Sirup. Rezepte: Chutney (Seite 54), Sanddornsorbet (Seite 72), Kompott (Seite 81), Sanddornmousse (Seite 84).

Sauerampfer

Feldampfer, Wiesenampfer, Sauerblätter, Säuerling, Läuskraut, Amper, Sauerstengel

Allgemeines
Man kennt verschiedene Ampferarten, den kleinen Wiesen-Berg-Sauerampfer, den Riesen-Alpen-Ampfer und den stumpfblättrigen Ampfer, der auch Blacke genannt wird. Alle Ampferarten enthalten Oxalsäure. Das Salz kann bei der Einnahme grösserer Mengen frisch gepflückter Blätter zu Nierenschädigungen führen. Besonders Nierenkranke sollten daher keinen Sauerampfer essen. Das gleiche gilt auch für den Rhabarber und den Spinat. Für gesunde Menschen dürfte allerdings die gelegentliche Verwendung als Gemüse, mit Mass genossen, ungefährlich sein.

Blüten
Endständige, blattlose Rispen, anfangs grün, später rötlich gefärbt.

Blätter
Blätter grundständig, spiess- oder pfeilförmig, mit spitzen, abwärts gerichteten Enden. Die unteren Blätter sind gestielt, die oberen sitzend.

Stengel
Gefurcht, 30 bis 100 cm hoch, aufrecht, nach oben rötlich.

Blütezeit
April bis August, oftmals nach der Heuernte ein zweites Mal.

Sammelzeit
Die frischen, sauren Blätter von März bis Spätherbst.

Standort
Feuchte Wiesen, Fettwiesen, Grasstellen, in Wäldern, an Wegrändern und in Böschungen.

Inhaltsstoffe/Wirkstoffe
Oxalate, Vitamin C.

Wirkung/Verwendung
Entzündungshemmende, sekretfördernde Wirkung auf die Schleimhäute des Rachens. In Präparaten gegen Nebenhöhlenentzündungen und Bronchitis enthalten, Absud der Wurzel gegen Rheuma.

Küche
Die frischen Blätter für Suppen, Salate und Saucen. Rezept: Brennesselquiche mit kleinem Wildsalat (Seite 22), bunter Gemüsesalat (Seite 26), Rheinäsche an Sauerampfersauce (Seite 42).

Sauerklee

Waldsauerklee, Kuckucksklee, Guggersauer, Dünnerkraut, Hasenampfer, Süreli

Allgemeines
Das ausdauernde Kraut hat einen kriechenden, dünnen Wurzelstock, welcher zarte, langstielige Blätter hervorbringt. Sauerklee ist ein Frühblüher. Er ist geruchlos, von erfrischend saurem Geschmack. Die Kinder stecken sich die sauren Blättchen gerne bei Durst in den Mund, ebenso machen es die Waldspaziergänger, die Förster und Jäger. Aber Vorsicht, grössere Mengen können zu Nierenreizungen führen. Der Saft der Pflanze eignet sich für Umschläge auf die fiebrige Stirn. Die ersten Buchdrucker haben die in den Blättern enthaltene Oxalsäure extrahiert, um Flekken aus kostbaren Papieren zu ätzen. Die Säure hilft auch bei Flecken auf Kleidern.

Blüten
Die einzelnen weissen, mit sichtbaren violetten Adern durchzogenen Blüten sind lang gestielt. Sie werden von Insekten bestäubt. Dagegen bleiben die kurz gestielten Blüten geschlossen. Diese werden nicht von Insekten bestäubt, sondern sind Selbstbestäuber.

Blätter
Zarte, langgestielte, dreigeteilte Blätter und auf dem Kopf stehende herzförmige Einzelblättchen, die sich in der Nacht und bei Regen zusammenfalten. Die Blattstiele sind rot bis violett.

Blütezeit
April bis Juni.

Sammelzeit
Während der Blütezeit.

Standort
Wächst gesellig in schattigen, feuchten Wäldern und Gebüschen.

Inhaltsstoffe/Wirkstoffe
Kleesäure, Vitamin C.

Wirkung/Verwendung
Früher wurden die Blätter bei heftigem Fieber und bei Mundfäule verabreicht. Aus dem gesüssten Absud wurde ein erfrischendes Getränk hergestellt. Die frischen, zerquetschten Blätter wurden bei Entzündungen aufgelegt. Heute wird Sauerklee nicht mehr als Heilmittel verwendet.

Küche
Blätter und Blüten für Salate. Rezept: Marinierter Frischlachs mit Sauerklee und falschen Kapern (Seite 20), Brennesselquiche mit kleinem Wildsalat (Seite 22), bunter Gemüsesalat (Seite 26), Carpaccio vom Sommerreh (Seite 36), Rehkitzkeule (Seite 53).

Schafgarbe

Feldgarbe, Schafrippe, Garbenkraut, Grundheil, Bauchwehkraut, Lämmlizunge, Tausendblatt, Kachelkraut, Heil aller Schaden

Allgemeines
Als der griechische Held Achilles sich während seiner kriegerischen Auseinandersetzungen an der Ferse verletzte, legte ihm sein Arzt frische, zerquetschte Schafgarben auf die Wunde und erzielte damit eine rasche Heilung. Die noch heute gültige lateinische Bezeichnung «Achillea» dürfte auf diese Legende zurückzuführen sein, die Zusatzbenennung «millefolium» wohl auf das Aussehen der Blätter. Die Schafgarbe erkennt man an ihrem aromatischen balsamischen Duft, welcher schwach an Wermut erinnert.

Blüten
Die in flachen Scheindolden stehenden kleinen, weissen Blüten färben sich vor allem in gebirgigen Gegenden rosarot.

Blätter
Die stark gefiederten, zarten Tausendblätter bilden eine Grundrosette.

Stengel
Ein bis zu 50 cm hoher, harter Stengel wächst aus der Blattgrundrosette heraus.

Wurzel
Der Wurzelstock hat viele kurze Ausläufer, aus welchen immer wieder junge Pflänzchen wachsen.

Blütezeit
Juni bis in den Spätherbst.

Sammelzeit
Man sammelt das ganze Kraut während der Blütezeit.

Standort
Sie ist stark verbreitet und liebt vor allem trockene Wiesen, Acker- und Wegränder. Man findet sie auch in Getreidefeldern, auf Ödplätzen und Geröllhalden.

Inhaltsstoffe/Wirkstoffe
In den Blüten ist reichlich ätherisches Öl vorhanden. Bornylacetat, vor allem Chamazulen, in der ganzen Pflanze, Bitterstoffe, Gerbstoffe, Harz.

Wirkung/Verwendung
Vielseitige Verwendung als Heilpflanze. Der Aufguss der ganzen Pflanze wirkt entzündungshemmend und krampflösend auf die Unterleibsorgane der Frau, anregend bei Appetitlosigkeit, schlechter Lebertätigkeit und bei schwacher Absonderung der Verdauungssäfte. Der aus der frischen Pflanze gepresste Saft wirkt blutreinigend, anregend auf die Blutbildung und ist deshalb ein gutes Mittel für eine Frühjahrskur. Äusserlich dienen Kompressen oder Bäder zur Wundbehandlung bei schlecht heilenden Wunden und Hautentzündungen, bei Nierenentzündungen und Hämorrhoiden.

Küche
Die jungen, zarten Blätter werden für Suppen, Salate und Wildgemüse verwendet. Rezept: Gefüllter Geldbeutel mit Wildgemüse (Seite 48).

Schlehdorn/Schwarzdorn

Schlehe, Haferpflaume, Sauerpflaume, Heckendorn, Hageldorn, Spilling, Stechdorn

Allgemeines
Dieser bis 3 m hohe, sperrige Strauch ist ein erster Frühlingsbote. Schon im April leuchtet der weissblühende Busch wie eine weisse Wolke von weit her. Der Schlehdornstrauch ist stark verzweigt und bildet mit seinen Dornen ein fast undurchdringliches Dickicht. Die schwarze Rinde, daher der Name Schwarzdorn, gibt einen guten Kontrast zu den vielen weissen Blüten.

Blüten
Weiss, in grosser Zahl, sie sind zart und kurzlebig, erscheinen vor dem Spriessen der Blätter und haben einen bittermandelähnlichen Geruch.

Frucht
Kugelige, blauschwarz gefleckte, saftige Steinfrucht mit grünem Fruchtfleisch, mit einem grossen Steinkern. Der Geschmack ist stark zusammenziehend, sauer und herb.

Blätter
Kurzgestielt, mattgrün, elliptische Form mit doppelt gesägtem Rand, 3 bis 4 cm lang.

Stengel
Die Zweige laufen in lange, spitzige Dornen aus.

Blütezeit
März bis April.

Sammelzeit
Die Blüten im Frühjahr, die Beeren im Herbst nach den ersten Frostnächten, dann sind sie sehr mild, vorher sind sie sauer und zusammenziehend im Geschmack.

Standort
Waldränder, Hecken, Steinhalden, sonnige Berghänge, Fels- und Schutthänge, die Pflanze liebt kalkhaltige Böden.

Inhaltsstoffe/Wirkstoffe
Blüten: Glykoside, Benzaldehyd, Spuren von Amygdalin (Blausäureglykosid). Beeren: Zukker, Gerbstoff, Vitamin C, organische Säure, Pectin, Farbstoff, Amygdalin.

Wirkung/Verwendung
Blüten: Blutreinigend, harntreibend und leicht abführend. Beeren: Gegen Durchfall, sie wirken stärkend bei Erschöpfungszuständen und Rekonvaleszenz. Mus oder Saft vor dem Frühstück eingenommen, erleichtert den Start in den neuen Tag.

Küche
Saft der Beeren für Sirup, Elixiere, Gelee und Wein. Rezept: Schlehdornsorbet (Seite 72), Sanddornmousse mit Wildfrüchten (Seite 84), Schlehdornbeerenkompott (Seite 87).

Erzählungen/Sagen
Die ersten drei Schlehenblüten, denen man begegnet, pflücken. Sie schützen vor Fieber, Gicht, Gelbsucht und Verletzungen durch Holzsplitter.

Schlüsselblume

Ankenschlüsseli, Badenechtli, Fastenblume, Himmelsschlüssel, St. Petersschlüssel

Allgemeines
Es werden beide Sorten, die Wiesenschlüsselblume mit den goldgelben sowie die Waldschlüsselblume mit den hellgelben Blüten für medizinische Zwecke und in der Küche verwendet. Der sympathische Frühlingsbote ist mehrjährig und wird bis 20 cm hoch. Die goldgelben Blüten der Wiesenschlüsselblume duften leicht honigartig, die hellgelben der Waldschlüsselblume sind dagegen fast geruchlos.

Blüten
In Büscheln auf den 10 bis 20 cm hohen Blütenstengeln. Die röhrenförmigen Blüten werden von hellgrünen, gezähnten Kelchen geschützt. Sie sind wohlriechend und von leicht süsslichem Geschmack. Der ausdauernde Wurzelstock treibt eine bodenständige Blattrosette.

Blätter
Die Blätter sind länglich und eiförmig, wellig gezähnt, am Blattstiel herablaufend, zu Beginn des Wachstums rückwärts eingerollt.

Blütezeit
April bis Mai.

Sammelzeit
Blüten, sobald sie voll geöffnet sind. Die Blätter für die Küche vor der eigentlichen Blütezeit, also bereits ab März. Das Ausgraben der Wurzel sollte aus Gründen des Pflanzenschutzes unterlassen werden.

Standort
Auf Wiesen, in Gebüschen, an Waldrändern, in Waldlichtungen, in Laubwäldern, an Bachufern.

Inhaltsstoffe/Wirkstoffe
Saponin, Glykoside, Primulasäure, wenig ätherisches Öl, Flavone.

Wirkung/Verwendung
Der Aufguss der Blüten und Wurzeln hat eine schleimlösende, auswurffördernde Wirkung bei trockenem Bronchialkatarrh. Bei fieberhaftem Katarrh der Atemwege, grippeartigen Infekten und ganz allgemein bei Erkältungskrankheiten sind vor allem die Wurzeln zu verwenden. Der Teeaufguss der frischen Blüten wirkt nervenberuhigend und krampflösend. Der bekömmliche Kräutertee ist jedermann zu empfehlen.

Küche
Die jungen, grünen Blätter für Salate und als Suppenzugabe, die Blüten für Gelee und Schlüsselblumenwein. Dieser Wein ist ein Gesundheitstrunk und ist einfach in der Zubereitung: eine grosse Handvoll frische Blüten mit wenig kochendem Wasser übergiessen, dann mit einem guten Süsswein (Malaga) ansetzen und nach zirka 10 Tagen abpressen. Täglich 1 kleines Likörglas davon trinken. Rezepte: Marinierter Frischlachs (Seite 20), Brennesselquiche (Seite 22), Lachs im Bärlauchnudelteig an Schlüsselblumensud (Seite 52).

Erzählungen/Sagen
Die Schlüsselblumen wurden nicht nur als Frühlingsboten angesehen – sie weisen auch den Weg zu verborgenen Schätzen: dies besonders dann, wenn man sie zu Weihnachten oder während der Fastnacht blühend fand.

Sumpfdotterblume

Butterblume, Schmalzblume, Kuhblume

Allgemeines
Früher wurde die Blüte dieser Pflanze wegen ihrer intensiven gelben Farbe zum Färben der Butter verwendet. Dies war gefahrlos, da Wirkstoffe nur in geringer Menge in den Blüten vorkommen und somit keine Vergiftungen zu befürchten sind. Die ganze Pflanze schmeckt scharf und wird daher vom Vieh als Futterpflanze gemieden, nur gerade Ziegen und Schafe fressen sie gelegentlich. Die Sumpfpflanze wird bis 50 cm hoch, hat einen kräftigen Wurzelstock mit grundständigen, winterharten Laubknospen.

Blüten
Bis 4 cm grosse, einfache Blütenhülle aus meist 5 dottergelben Perigonblättern und vielen Staubblättern.

Blätter
Die Grundblätter sind langgestielt, herzförmig die oberen Stengelblätter sind kürzer gestielt, oft sitzend und nierenförmig.

Stengel
Buschbildend, liegend oder aufrecht, hohl, kahl und saftig.

Blütezeit
März bis Mai.

Sammelzeit
Die geschlossenen Blütenknospen vor der Blütezeit.

Standort
Stark verbreitet in Sümpfen, sumpfig nassen Wiesen, Wassergräben, an Bächen und Teichufern.

Inhaltsstoffe/Wirkstoffe
Protoanemonin, Saponin, Gerbstoff, Harz.

Wirkung/Verwendung
In der Homöopathie noch selten verwendet. Die Sumpfdotterblume hat eine ähnliche schweisstreibende und harntreibende Wirkung wie die heute noch häufig verwendete Kuhschelle (Anemone pulsatilla), mit allerdings schwächerer Wirkung.

Küche
Die jungen Blätter für Salate und die Knospen als Kapern-Ersatz, beide aber nur in geringen Mengen. Rezept: Marinierter Frischlachs mit Sauerklee und falschen Kapern (Seite 20).

Wilder Thymian

Quendel, Feld-Thymian, Marienbettstroh, Chölm, Karwendel, Mattenkölen, Kückenkömel

Allgemeines
Die ganze Pflanze riecht angenehm balsamisch. Sie ist ein ausdauerndes Kraut aus der Familie der Lippenblütler und hat einen würzigen Geschmack. Der starke Geruch und die purpurrote Farbe der Blüten locken die Insekten an. In manchen Gegenden legt man das Kraut in den Hühnerstall, um die Läuse zu vertreiben, daher der Name Kückenkömel. Die Bezeichnung Marienbettstroh ist auf eine Legende zurückzuführen, die besagt, dass Maria, als sie im Gebirge war, auf einem Quendelteppich gerastet hatte. Der Feldthymian ist wie der Gartenthymian ein 10 bis 20 cm hoher, stark verzweigter Halbstrauch.

Blüten
Klein, zweilippig, purpurrot bis rot-violett, in endständigen, kopfförmig gehäuften Quirlen.

Blätter
Kreuzgegenständig, von linearisch-lanzettlicher Form, sie sind ganzrandig, flach und besitzen mit ätherischem Öl gefüllte Drüsen, die als helle Punkte sichtbar sind, wenn das Blatt gegen das Licht gehalten wird.

Blütezeit
Juni bis August.

Sammelzeit
Das junge, frisch blühende Kraut im Juni für die Küche, für Heilzwecke im Juni und Juli.

Standort
In Europa und Asien auf sonnigen, trockenen Hängen, auf Wiesen und an Wegen bis auf 3000 m Höhe.

Inhaltsstoffe/Wirkstoffe
Ätherisches Öl in der ganzen Pflanze, Thymol, Bitterstoffe, Gerbstoffe und Mineralien.

Wirkung/Verwendung
Thymol ist ein starkes Antiseptikum und wird zur Herstellung von Zahnpaste und -pulver verwendet. Der Aufguss vom ganzen Kraut hat eine gute schleimlösende Wirkung bei krampfartigem Husten, Bronchitis und Erkrankungen der Atemwege. Die Verwendung zu Heilzwecken ist wie beim Thymian, jedoch etwas schwächer in der Wirkung. Bäder mit Feldthymianzusatz stärken Nerven und Glieder. Eine Mischung mit Schafgarben und Wacholderspitzen stärkt schwächliche Kinder.

Küche
Für Suppen und als Gewürz. Rezepte: Brennesselsuppe (Seite 14), Wildkräutertortellini (Seite 19), Carpaccio vom Sommerreh (Seite 36), Rehkitzkeule (Seite 53).

Erzählungen/Sagen
Quendel gehörte zu den Kräutern, welche vom Bösen gefürchtet wurden. Die Mädchen flochten Kränze mit diesem Kraut und hängten sie vor das Fenster, damit der böse Teufel nicht in der Gestalt eines schmucken Jünglings zu ihnen kam.

Vogelbeere

Eberesche

Allgemeines
Die Vogelbeere ist ein Baum oder Strauch, 5 bis 12 m hoch, vor allem als Alleebaum sehr beliebt und wird oft auch in Gärten gepflanzt. Kommt aber noch sehr oft wildwachsend vor.

Blüten
Kleine, gelblich-weisse Blüten, zu endständigen, reichblütigen Trugdolden zusammengefasst. Sie riechen eigentümlich gut bis unangenehm.

Blätter
Unpaarig gefiedert, vier bis neun Paare. Wachsen wechselständig an den Zweigen. Die einzelnen Blättchen sind länglich, spitzig gesägt, mit hellgrüner Oberseite und grau-weisser Unterseite.

Früchte
Korallrot leuchtende Beeren. Sie schmecken herbsauer und zusammenziehend. Die mehligen Scheinbeeren haben einen Grössendurchmesser von 1 cm.

Blütezeit
Mai bis Juni.

Sammelzeit
Die reifen Früchte bei sonnigem Wetter im Oktober und November, vor Frostbeginn.

Standort
Europa und Asien, bis in Gebirgshöhen, in lichten Wäldern, Hainen, Geröllhalden.

Inhaltsstoffe/Wirkstoffe
Organische Säuren, Gerbstoffe, Zucker, Pektin, Vitamine.

Wirkung/Verwendung
Mildes Abführmittel, harntreibend. Als Gurgelmittel bei Hals- und Kehlkopfentzündungen. Ist vor allem bei Rednern, Sängern und Schauspielern beliebt. Die Vogelbeere dient als Rohstoff für die Herstellung von Sorbit, einem speziellen Zuckerersatzstoff für Diabetiker und viele Light-Nahrungsmittel und Getränke.

Küche
Zur Herstellung von Essig, Wein und Likör, Kompott und Konfitüren/Marmeladen. Vor der Verarbeitung kann man diese Beeren entbittern, indem man sie zirka 10 Stunden in eine schwache Essiglösung einlegt. Rezepte: Vogelbeerenkompott (Seite 87).

Walderdbeere

Rotbeere, Flohbeere, Arbel, Darmkraut

Allgemeines
Die Erdbeere ist eine ausdauernde Pflanze der Familie der Rosengewächse. Sie hat einen kurzen Wurzelstock, eine grundständige Blattrosette und lange, wurzeltreibende Schösslinge, sogenannte Ausläufer. Man kennt verschiedene wildwachsende Erdbeerarten, von denen nicht nur die Früchte, sondern auch die jungen Blätter für Heilzwecke gesammelt werden. Die Blätter der Gartenerdbeere dagegen enthalten keine Wirkstoffe.

Blüten
Büscheliger Blütenstand an langen Stielen, weisse Blüten bestehend aus 5 Kronblättern.

Früchte
Die herrlich aromatische, rote Frucht besteht aus einem fleischigen Fruchtboden. Die Erdbeere ist eine Scheinfrucht. Die eigentlichen Samen sind die kleinen Nüsschen, Achänen genannt, die äusserlich als feine, grünliche, gleichmässige Struktur sichtbar sind.

Blätter
Dreizählige Blätter, filzige Unterseite, langgestielt, gezähnter Blattrand.

Blütezeit
April bis Juni, manchmal ein zweites Mal im Herbst.

Sammelzeit
Die Blätter während der Blüte im Mai. Die Beeren, wenn sie eine schöne rote Farbe aufweisen.

Standort
Im Unterholz von Wäldern, in Gebüschen, sonnigen Waldlichtungen, an Böschungen, Wegrändern und auf der Heide.

Inhaltsstoffe/Wirkstoffe
Die Blätter enthalten Gerbstoffe, ätherisches Öl, Schleim, Kalzium, Eisen. Die Beeren enthalten Vitamin C, organische Säuren und Mineralsalze.

Wirkung/Verwendung
Der Aufguss der Blätter hat eine zusammenziehende Wirkung bei Magen- und Darmkatarrh, Durchfall bei Kindern und wirkt günstig bei Erkrankungen der Harnwege. Der Tee aus Erdbeerblättern ist ein gutes Kräftigungsgetränk für Leute, die an Blutarmut und Nervosität leiden. Fermentierte Erdbeerblätter ersetzten den teeinhaltigen (Koffein) Schwarztee. Die frischen Beeren wirken kräftigend und blutreinigend. Allergieempfindliche Personen können durch den Genuss von Erdbeeren einen nesselsuchtähnlichen, juckenden Ausschlag bekommen.

Küche
Junge Blätter für Suppen und Salate, die Früchte für Konfitüren/Marmeladen, Desserts und für die herrlich erfrischende Erdbeerbowle. Bowlenrezept: Erdbeeren mit Zucker bestreuen und einige Stunden stehen lassen. Dann Weisswein und gekühlten Schaumwein darübergiesssen und servieren. Halbgefrorenes (Seite 67), Süsser Reis (Seite 68), Soufflé mit Walderdbeeren (Seite 74), Waldmeistersabayon (Seite 76), Schaumköpfchen (Seite 78), Wildbeerenterrine (Seite 88).

Waldmeister

Gliedkraut, Halskräutlein, Sternleberkraut, Möserich, Meister, Mösch

Allgemeines
Bis vor wenigen Jahren war der lateinische Name «Asperula odorata» der gebräuchlichere. Dieser hatte auch eine nähere Beziehung zur Pflanze, denn «asper» bedeutet rauh (die leicht rauh behaarten Kanten der Stengel) und «odorata» heisst wohlriechend. Und dieser wohlriechende, angenehme Duft ist es denn auch, welcher diese Heilpflanze so begehrt und bekannt gemacht hat. Vor allem die frisch gepflückte und ausgewelkte Pflanze verbreitet einen angenehmen, an Cumarin erinnernden Duft. Dieses Cumarin-Glykosid ist besonders in den Blüten enthalten, in geringeren Mengen auch in den Blättern. Der Waldmeister ist eine ausdauernde, d.h. mehrjährige, 10 bis 25 cm hohe Pflanze.

Blüten
Die kleinen, trichterförmigen Blüten sind schneeweiss.

Früchte
Kleine, kugelige, mit winzigen Widerhaken besetzte Klettenfrüchte, welche sich im Fell der Wildtiere, aber auch an Socken und Strümpfen der Waldspaziergänger festhalten und so für eine Verbreitung besorgt sind.

Blätter
Lanzettlich zugespitzte Blätter, welche zu 6 bis 8 in Quirlen um den Stengel angeordnet sind.

Stengel
Vierkantig, beblättert.

Wurzel
Kriechender und stark verzweigter Wurzelstock, aus dem aufrecht stehende Pflänzchen wachsen.

Blütezeit
April bis Mai.

Sammelzeit
Das ganze Kraut kurz vor und bei Beginn der Blütezeit.

Standort
In den Wäldern von ganz Mitteleuropa, besonders in schattigen Laubwäldern ist der Waldmeister häufig und in grosser Zahl anzutreffen.

Inhaltsstoffe/Wirkstoffe
Cumaringlykosid, Gerbstoffe, Bitterstoff.

Wirkung/Verwendung
Der Tee aus dem frischen oder getrockneten Kraut wirkt beruhigend bei Leibschmerzen, bei Schlaflosigkeit und unregelmässiger Herztätigkeit. Aber auch als unterstützendes Mittel bei Leberstauungen und Venendurchblutungsstörungen ist der Waldmeister beliebt.

Küche
Blüten und ganzes Kraut für Desserts, Sorbets und Bowlen. Die Waldmeister- oder Maibowle dürfte die bekannteste Zubereitung des Waldmeisters sein. Das aromatische und sehr «süffige» Getränk wird aus frisch gepflückten Blüten und Blättern zubereitet. Aber Achtung: allzuviel ist ungesund. Grössere Mengen führen zu Schwindel und Kopfweh. Rezepte: Waldmeistersirup und -sorbet (Seite 68), Waldmeistersabayon mit Walderdbeeren (Seite 76).

Kleiner Wiesenknopf

Becherblume, welsche Bibernelle, klein Blutkraut, Kölbleinkraut

Allgemeines
Ausdauernde, winterharte und immergrüne Pflanze. Sie ist unbehaart und wächst in Büscheln.

Blüten
Grünlich oder rotbraun, eiförmige Ährenblütenköpfe, gipfelständig, d.h. jeweils am Ende eines Stengels. die oberen Blüten des Köpfchens sind weiblich, die unteren männlich.

Blätter
Grundständige Rosette, zu Büscheln wachsend, unpaarig gefiedert, die Teilblätter sind eiförmig oder länglich, am Rand scharf gezähnt. Die Blattoberseite ist glänzend, die Unterseite mattgrün. Sie haben einen aromatischen, nussartigen, zusammenziehenden Geschmack.

Stengel
Verzweigt, gabelästig, hohl, kaum beblättert, zirka 20 bis 50 cm hoch.

Wurzel
Kräftiger, verzweigter Wurzelstock.

Blütezeit
Juni bis August.

Sammelzeit
Wurzeln als Heilmittel im März bis April oder im September bis Oktober. Die jungen Teilblätter für die Küche vor der Blüte im März bis April.

Standort
Häufig vorkommend in Europa auf Trockenwiesen und Weiden.

Inhaltsstoffe/Wirkstoffe
Gerbstoff, Saponine, Flavonoide, Vitamin C.

Wirkung/Verwendung
Als Heilpflanze wird vor allem der grosse Wiesenknopf gesammelt, der kleine Wiesenknopf hat eine etwas schwächere Wirkung. Der Absud der Wurzel lindert bei Magen- und Darmkatarrh, Durchfall, bei Nasen-, Zahnfleisch- und starken Menstruationsblutungen. Wirkt auch entzündungshemmend. Das Kraut wird nur für Bäder gebraucht bei offenen Wunden und Ausschlägen und der Absud der Blätter als Gurgelmittel.

Küche
Für Salate, Gemüsegerichte, Kräutersuppen. Rezepte: Wildkräutertortelloni an Salbeibutter (Seite 19).

Erzählungen/Sagen
In England wird dieses Kraut als vortreffliches Futter für die Schafe angebaut. Damit wird vor allem im Winter gefüttert, denn diese Pflanze bleibt das ganze Jahr grün. In alten Kräuterbüchern ist zu lesen, dass das junge Kraut von den Franzosen als Salat gegessen wurde, und die Spanier legen es im Sommer in den Wein, der davon einen lieblichen Geschmack bekommen soll.